全球半导体照明产业发展现状及趋势

韩松 张云鹏 王侃◎著

中国市场出版社
China Market Press
·北京·

图书在版编目（CIP）数据

全球半导体照明产业发展现状及趋势 / 韩松，张云鹏，王侃著. —北京：中国市场出版社，2020.10

ISBN 978-7-5092-1897-6

Ⅰ. ①全⋯　Ⅱ. ①韩⋯ ②张⋯ ③王⋯　Ⅲ. ①半导体发光灯 – 照明技术 – 产业发展 – 研究 – 世界　Ⅳ. ①F416.63

中国版本图书馆CIP数据核字（2019）第252596号

全球半导体照明产业发展现状及趋势

QUANQIU BANDAOTI ZHAOMING CHANYE FAZHAN XIANZHUANG JI QUSHI

著　　者　韩　松　张云鹏　王　侃

出版发行　中国市场出版社 China Market Press

社　　址　北京西城区月坛北小街2号院3号楼

电　　话　编 辑 部（010）68033692　读者服务部（010）68022950

发 行 部（010）68021338　68033577　68020340

总 编 室（010）68020336　盗版举报（010）68020336

经　　销　新华书店

印　　刷　北京中献拓方科技发展有限公司

规　　格　145mm × 210mm　32开本

印　　张　6.75　　**字　　数**　150 000

版　　次　2020年10月第1版　　**印　　次**　2020年10月第1次印刷

书　　号　ISBN 978-7-5092-1897-6

定　　价　88.00元

目录

Contents

第 1 章

半导体照明蓬勃兴起

1.1　照明技术发展历程概述

1.1.1　白炽灯的诞生

1879 年，托马斯·爱迪生以碳丝作为灯丝，在实验室里制成了第一只可供使用的白炽灯。这一发明开启了电气照明的历史，也拉开了照明产业的序幕。一百多年来，白炽灯是人们日常生活中必不可少的照明工具。最初碳丝白炽灯的发光效率只有 1.4 lm/W。随后，通过人们对灯丝材料、灯丝结构、填充气体等的不断改进，白炽灯的发光效率得以不断提升。20 世纪初，钨丝白炽灯面世，它的出现使得白炽灯在与同时代的煤油灯、汽油灯等的竞争中取得了决定性的胜利。随后，美国的欧文·朗缪尔（Lrving Langmuir）发现用惰性气体可以使发光效率提高两倍，并且可以抑制钨丝的蒸发，延长灯丝的使用寿命，因此用惰性气体代替真空填充的方法得以普及。1921 年，日本的三浦纯一（Junichi Miura）为使灯丝和气体的接触面尽量减小，将钨丝从单螺旋改进为双螺旋，发光效率又有很大提高，比第一支白炽灯的发光效率提高了 10 倍。目前，白炽灯的发光效率为 10 ～ 20 lm/W，寿命约为 1000 ～ 2000 小时，但白炽灯将电能转化为光的平均效率只有 10% ～ 20%，80% ～ 90% 的能量被浪费掉了。白炽灯的出现，改写了人类的照明历史，人类文明开始走向电力照明时代。

1.1.2 卤钨灯的问世

为提高发光效率，必须提高钨丝的温度，但在普通白炽灯中，灯丝的高温造成钨的大量蒸发，蒸发的钨沉积在玻壳上，造成灯泡玻壳发黑的现象，影响使用寿命。1959 年，美国通用电气公司在白炽灯的基础上，在钨丝灯中充入卤化物，制成了第一只卤钨循环的白炽灯——碘钨灯，发光效率达到 20 lm/W。卤钨灯是填充气体内含有部分卤族元素或卤化物的白炽灯。它采用耐高温的石英玻璃或硬玻璃，在适当的温度条件下，从灯丝蒸发出来的钨在玻壁区域内与卤素物质反应，形成挥发性的卤钨化合物。由于玻壁温度足够高（达

250℃），卤钨化合物呈气态，当卤钨化合物扩散到较热的灯丝周围区域时又分化为卤素和钨。释放出来的钨部分回到灯丝上，而卤素继续参与循环过程，这就是卤钨循环的原理。通过卤钨循环，灯丝的使用寿命大大延长，同时灯丝可以在更适宜的温度下工作，从而获得更高的亮度和发光效率。

1.1.3　荧光灯的出现

1901 年，美国工程师彼得 · 库珀 · 休伊特（Peter Cooper Hewitt）获得了首个低压汞放电灯——汞蒸汽灯的专利，这就是现代荧光灯的前身。汞蒸汽灯的发光效率已经优于当时的白炽灯，但因为其发出的是耀眼的蓝绿色光，不适合普通照明，因此其应用受到限制。1938 年，乔治 · 因曼（George Inman）团队与美国通用电气公司推出第一只实用型荧光灯，并在同年开始出售。1939 年，美国通用电气公司和西屋公司通过纽约世界博览会和旧金山国际博览会宣传新产品，从此开启了荧光灯的新时代篇章。

20 世纪 50 年代以后，荧光灯大都采用卤磷酸钙（俗称卤粉），卤粉价格便宜，但发光效率不够高，热稳定性差，光衰较大。1974 年，荷兰飞利浦照明公司沃斯特根（Verstegen）等人首先研制出了能够发出人眼敏感光的红、绿、蓝三色粉混合而成的三基色荧光粉，生产出色温为2300～8000K的T12直管荧光灯。几年之后，日本日亚化学成功开发出了稀土磷酸盐系三基色荧光粉，具有紫外辐射稳定性能好、热猝温度高等优点，与卤粉荧光灯相比，在发光效率、显色性和维持率等方面都有较大提高，并且使紧凑型荧光灯的出现成为可能。稀土三基色荧光粉的开发与应用是荧光灯发展史上的一个重要里程碑。

70年代，螺旋型自镇流荧光灯问世。1980年，荷兰飞利浦照明公司推出PL型（H形）和SL型（双曲形）自镇流荧光灯，并投放市场。自镇流紧凑型荧光灯的出现，使荧光灯直接替代白炽灯成为可能。由于它的发光效率比白炽灯高5～6倍，因此通常又被称为节能灯。90年代，细管径（T3/T2/T1）、多U形（3U/4U/5U）、螺旋形灯管相继出现。随着中国照明企业的加入，节能灯开始了其真正盛行的时代。

1.1.4 高强度气体放电灯的应用

20世纪40—60年代，科研人员发现提高气体放电的工作电压能够使光源表现出优异的特性，因此高压汞灯、高压钠灯、金属卤化物灯等高强度气体放电灯被开发出来。高强度气体放电灯，通常简称为 HID 灯，它具有功率密度高、结构紧凑、发光效率高、寿命长等特点，被称为继白炽灯、荧光灯之后的第三代照明光源。

高压汞灯是玻壳内表面涂有荧光粉的高压汞蒸汽放电灯，具有柔和的白色灯光，结构简单、低成本、低维修费用，可直接取代普通白炽灯，具有发光效率高、寿命长、省电经济的特点。由于高压汞灯发出的光中不含红色，它照射下的物体发青，因此只适于广场、街道的照明。

高压钠灯使用时发出金白色光，具有发光效率高、耗电少、寿命长、透雾能力强和不锈蚀等优点，广泛应用于道路照明、泛光照明、广场照明、工业照明等。高显色高压钠灯主要应用于体育馆、展览厅、娱乐场、百货商店和宾馆等场所的照明。

金属卤化物灯因在灯泡中填充了金属卤化物而得名，是一种利用汞和稀有金属的卤化物混合蒸气中产生的电弧放电发光的放电灯，具有寿命长、发光效率高、显色性好等特性。主要用于工业照明、城市亮化工程照明、商业照明、体育场馆照明以及道路照明等。

1.1.5 半导体照明技术简介

照明用电是人们工作、学习和日常生活中最基本的用电需求，耗电量约占全社会总用电量的15%，是一个能源消耗较多的领域。国际社会对气候变化问题的广泛关注，使得节能减排、绿色发展逐渐成为国际普遍认可的发展理念，也使得节能照明成为照明技术发展的最大需求。与此同时，在经济不断发展和人们生活水平日益提高的过程中，现代社会对照明环境的要求越来越高，对照明品质的追求也越来越强烈，人们已经不仅仅满足于传统照明提供的照明效果和单一的照明环境。正是在这种形势下，半导体照明技术应运而生。半导体技术的发展改变了传统光源的设计方法和思路，突破了传统照明行业的局限性，凭借高发光效率、低能耗、长寿命、高显色、体积小、易控制、环保等优势，开始在照明领域显现出巨大的发展空间、节能潜力和商业价值，半导体照明产品逐渐登上历史舞台，让人们的生活变得更加舒适、健康和便捷，被视为最有潜力替代白炽灯和荧光灯照明的新一代照明产品。

半导体照明技术也被称为固态照明（Solid State Lighting，SSL），包括LED（发光二极管）和OLED（有机发光二极管），具有耗电量少、寿命长、色彩丰富等特点，是照明领域的一场技术革命。其中 LED 照明技术主要用于半导体照明领域，OLED 技术主要应用于显像产业，用于照明领域的较少。本书根据目前行业发展现状，集中讨论 LED 照明技术以及产业。LED 照明是指用半导体固态发光器件作为光源的照明技术，半导体中通过载流子复合放出过剩的能量而发出红、黄、蓝、绿色的光，在此基础上，利用三基色原理，通过添加不同的荧光粉，获得任意颜色的光。利用 LED 作为发光光源制造出来的照明产品就是 LED 照明产品。

1907 年，亨利 · 约瑟夫 · 荣德（Henry Joseph Round）第一次在一块碳化硅里观察到了电致发光的现象。1936 年，乔治 · 德斯特劳（George Destlau）发表了一份关于硫化锌粉末发射光的报告，随着电流的应用的广泛认识，最终出现了“电致发光”这个术语。1962 年，美国通用电气公司何伦亚克（Holonyak）博士研制成功第一批发 655nm 红光的磷砷化镓发光二极管。当时，发光二极管的发光效率低，仅约为 0.1 lm/W。在其后的十多年里，在美国贝尔电话公司（Bell）、国际商业机器公司（IBM）等公司的努力下，黄色、绿色光的 LED 系列产品陆续被开发出来。1973 年，日本松下电器公司东京研究所的赤崎勇最早开始了蓝光 LED 的研究。后来，赤崎勇和他的学生天野浩在名古屋大学合作进行了蓝光 LED 的基础性研发，1989 年首次研发成功了蓝光 LED。1994 年，任职于日亚化学工业公司的中村修二推出了第一只蓝色 LED 发光二极管。赤崎勇、天野浩和中村修二后来也因发明蓝色 LED 而荣获 2014 年诺贝尔物理学奖。蓝色发光二极管的诞生补齐了光谱，使得白光 LED 成为可能，也使得半导体照明具备了成为新一代照明工具的能力，最终走入千家万户，由此引发了新一轮的照明技术革新。

1.2　全球半导体照明产业发展概况

1.2.1　半导体照明产业链

半导体照明产业（以下简称 LED 产业）包括上游外延芯片、中游封装、下游应用三个环节，见图 1-1。全球范围内，

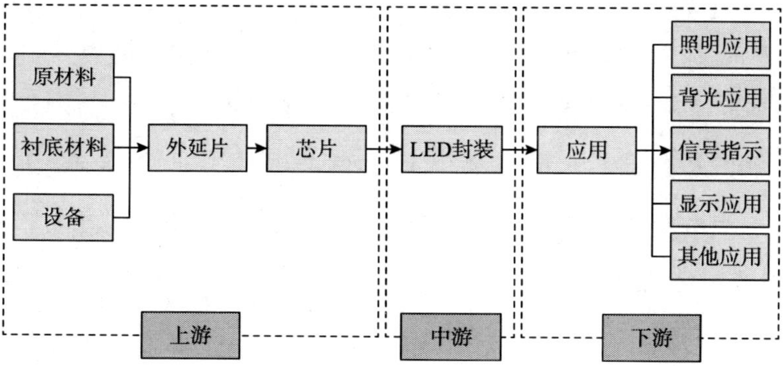

图 1-1　LED 产业链

（数据来源：长城证券研究所）

LED 产业链各环节参与企业数量呈金字塔形分布。上游衬底制造、外延生长和芯片制造具有技术和资本密集的特点，参与竞争的企业数量相对较少。中游封装与下游应用的进入门槛相对较低，参与其中的企业数量较多，利润率较低。

上游既是技术进步的关键，也是整个 LED 产业发展的瓶颈，上游企业资源比较集中，同时利润率也较高。全球重点 LED 芯片厂商包括美国科锐、Lumileds，德国欧司朗，日本日亚化学、丰田合成、东芝，韩国首尔半导体等。由此可以看出，在上游产业的优势企业主要集中在美国、日本、德国和韩国。美国的产业优势在于 SiC（碳化硅）衬底生长 GaN（氮化镓）外延片和芯片，其中在紫光外延片和芯片方面国际领先。日本的产业优势在于垄断高端蓝、绿光 LED。德国的产业优势在于独家拥有芯片平面设计技术，是欧洲最大的高亮度 LED 生产地。2017 年全球 LED 芯片市场产值为 71.70 亿美元（约合人民币 510 亿元）。对比 2016 年 62.85 亿美元（约合人民币 447 亿元）的产值，2017 年全球 LED 芯片市场产值同比增长约为 14.1%，见图 1–2。

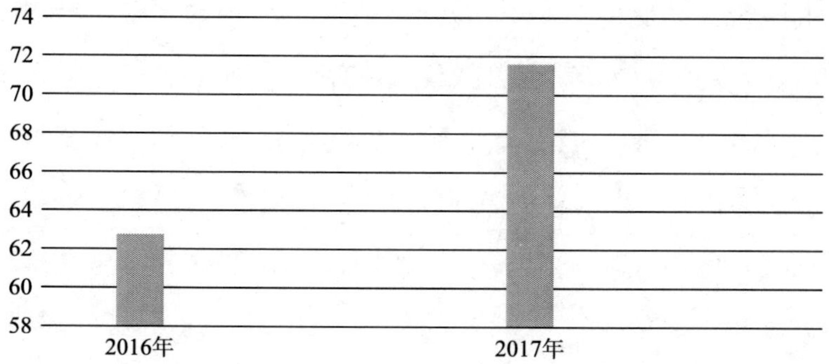

图 1-2　全球 LED 芯片产值（亿美元）

（数据来源：前瞻研究院整理）

随着近年来我国加大对芯片的研发、设备投入，中国大陆本土厂商的芯片供应市场占有率（以下简称市占率）已达到 81%，中国台湾厂商市占率为 18%。据 LEDinside 统计，2019 年，在中美贸易战及经济环境不景气的影响下，全球 LED 市场需求不及预期，而 LED 芯片产业于 2018 年新增的产能不断释放，2018 年中国 LED 芯片市场规模达到 232 亿元人民币，同比增长 10.4%，截至 2018 年底，大陆 LED 芯片厂商总产能达到 1120 万片 / 月（折合 2 寸），同比增长 31%。产能增速高于需求增速，致使 LED 芯片产能过剩严重，企业库存居高不下，LED 芯片价格呈现较大降幅（见图 1–3）。从中国本土芯片厂商来看，2018 年总销售规模为 155 亿元人民币，同比增长 4%。包括三安光电、华灿光电、澳洋顺昌在内的一线大厂，营收依然呈稳步上升趋势，而其他中小型厂商，由于产能没有增加，市场价格的下跌导致营收下滑。2019 年，市场环境虽然不好，但是依然有企业逆势成长，三安光电、华灿光电等大厂依然保持稳健的风格，继续维持市占率（见表 1–1）。从厂商的营收看，三安光电依然处于绝对的龙头地位，华灿光电紧随其后。

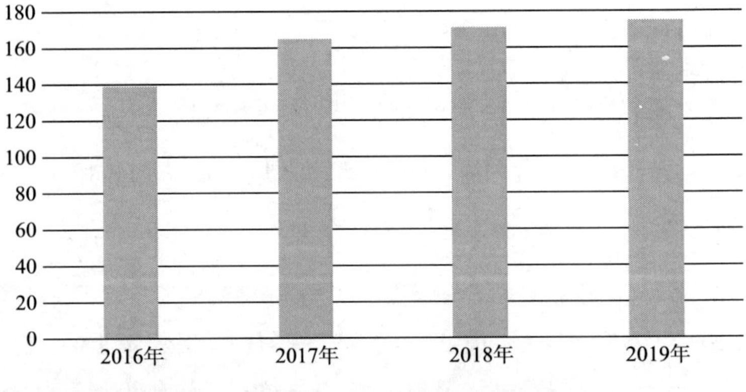

图 1–3　中国 LED 芯片市场规模（亿元）

（数据来源：LEDinside）

LED 封装产业主要集中于日本、美国、德国、韩国、中国等国家。从 LED 产业发展来看，日本、美国、德国厂商具有技术优势和设备优势，成为全球最早的 LED 封装产业

表 1-1　2019 年中国 LED 芯片厂商营收排名

厂　商	2019 年营收排名
三安光电	1
华灿光电	2
乾照光电	3
澳洋顺昌	4
聚灿光电	5
华磊光电	6
合肥蓝光	7
士兰明芯	8
开发晶	9
兆元光电	10

（数据来源：LEDinside）

中心。日本的 LED 封装全球产值居世界第一；中国台湾地区和韩国拥有完整的消费类电子产业链，各环节分工明确，并迅速崛起；中国大陆地区则承接了全球产业转移，同时受益于成本优势和旺盛的下游产品市场需求，近年来持续增长，已成为世界重要的 LED 封装生产基地。根据最新《2019 中国 LED 芯片与封装产业市场报告》显示，2018 年中国 LED 封装市场规模为 1024 亿元人民币，同比增长

11.9%。展望2019年，LED照明已经进入成熟期，高端照明需求可期，诸如专业照明与健康照明的市场需求，紫外LED、车用照明和显示屏市场将是LED产业增长的主要推动力。整体来看中国LED产业发展，中国大陆厂商受惠于产能与代工订单，2018年排名均有所提升，木林森、国星、聚飞、鸿利营业收入继续增长。国际厂商日亚化学凭借背光、车用及照明等高端应用市场的技术专利优势，保持第二；欧司朗光电半导体（OSRAM OS）则凭借汽车照明、景观亮化等市场的优势，排名居第三位。中国台湾地区及国际厂商在高端领域依然表现出强大的竞争力。前十大厂商市占率为47%，与2017年相比微幅下滑。主要原因为东山精密和天电光电等新秀厂商高速追赶，且2018年营收均有不错的成长，未来两年内有望冲击前十。具体排名情况见表1–2。

随着技术创新及成本的下降，LED下游应用加速拓展。在20世纪90年代以前，LED仅作为指示灯使用，随着高亮度LED产品的出现，LED应用开始从指示转向照明领域，包括LED显示屏、交通信号灯、手机照明、汽车用灯和通用照明等。

表 1-2　2018 年中国市场 LED 封装前十大厂商营收排名

排　名	厂　商
1	木林森
2	日亚化学
3	欧司朗光电半导体
4	国星
5	亿光
6	鸿利
7	首尔半导体
8	聚飞
9	光宝
10	Lumileds

（数据来源：LEDinside）

再来看中国半导体照明市场。2018 年，下游应用环节约产值 6080 亿元，同比增长 13.8%。通用照明仍是最大的应用市场，占比达 44.2%，但增速放缓，2018 年约为 5.0%，产值达 2679 亿元。通用照明市场增长承压，替代性光源产品增长乏力，但特色灯具、特种照明、高附加值的产品和系统性服务表现仍然亮眼。从地区来看，一二线城市和东南部地区销售有所下滑，三四线城市市场和中西部地区市场则保持增长。

近年来，受益于大型会议及文化活动的增加，城市景观照明市场热度持续攀升。但2018年市政照明、城市灯光秀、文创旅游的热度逐渐趋向正常。2018年，景观照明产值达到1007亿元，仅次于通用照明，同比增长26%，占整体应用市场的17.6%。LED在显示应用中也持续发力，2018年，LED显示屏产值为947亿元，同比增长30.2%。汽车照明作为LED应用新的突破点，实现同比20%的高增长（见图1–4）。

2010年以来，全球LED通用照明发展迅速，LED照明产品技术的成熟和价格的进一步下降，再加上全球范围内淘汰白炽灯计划的逐步深入，极大地刺激了LED在通用照明领域的使用。通用照明包括家居照明、商业照明、办公照明、道路照明、建筑照明、公共照明、工业照明、景观照明等。Strategies Unlimited公司对通用照明产品的研究[1]显示，通用照明产品在全球半导体照明市场中占比最大，2014年占到75%，总产量达53亿美元；2017年全球LED通用照明价值为63.47亿美元。2019年这部分照明将增至总产值的86%左右的占比，这也将是未来LED照明发展主要的增长来源。

[1] 资料来源：Strategies Unlimited Market Investigation Report.

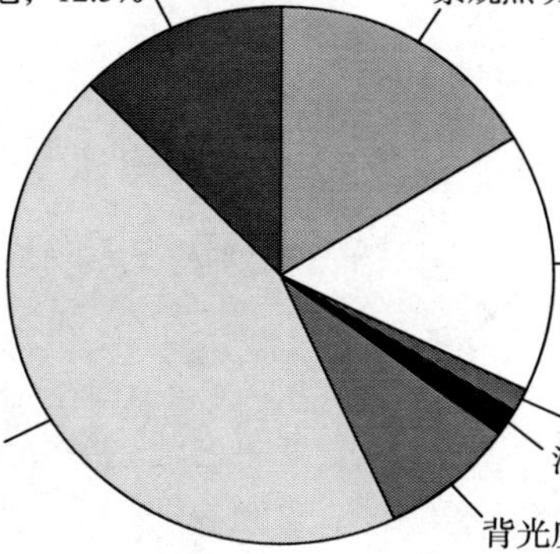

图 1-4　我国半导体照明应用领域分布

（数据来源：CSA Research）

1.2.2　半导体照明企业发展格局

从当前半导体照明产业在全球的分布来看，整体上还是保持着以亚洲、北美、欧洲三大区域为主导的三足鼎立的竞争格局。但从产业发展趋势和核心竞争力上看，亚洲、北美和欧洲的领域优势和产业结构则出现了新的变化。美国、日本主要在 LED 芯片等核心器件方面具有竞争优势；欧洲在汽车照明及功能性照明方面具有竞争优势；韩国凭借大企业战略显现出后发优势；中国则在生产制造和应用领域走在世界前列。

据招商银行研究院统计，从当前半导体照明产业在全球的分布来看，中国和美洲（主要是美国）为全球最大的消费市场，从规模上看，2018年中国和美洲分别占比32%、22%。日本和欧洲的市场占比则逐渐下降，分别占比8%、9%。飞利浦照明和欧司朗都在逐步将半导体照明业务出售或剥离，通用电气宣布退出亚洲和拉丁美洲市场。单从半导体照明的市占率来看，中国半导体照明厂商的市占率逐渐攀高，国际照明巨头在逐步退出照明产品生产。但同时我们也可以看到，欧美国际巨头在将生产业务剥离的同时，将更多的资源和精力投入到智能照明领域。飞利浦照明与小米、ABB（国际电力和自动化领域的领导厂商）、爱立信结盟，打通未来一体化智能家庭的发展方向。欧司朗与谷歌联手，开发照明智能化家居控制系统，打造智慧“光之城市”。有报道称，苹果、微软等国际知名公司也开始打入智能照明领域，抢占智能照明行业风口，密集成立研发团队，开展智能照明相关技术的研发。施耐德、ABB等非照明企业开始加入照明国际标准化组织，从技术上游介入照明行业。而在中国，木林森、三安光电、华灿光电等本土半导体照明企业强势崛起，不断向海外扩张。同时，亿元级并购司空见惯，产能扩张也日益频繁，并购与扩产加速了产业提升，提高了产业集中化程度。

（1）荷兰飞利浦照明。

飞利浦照明（Philips）：世界最大照明企业，技术持续领先。

飞利浦电子（现改名昕飞诺）是全球第一大照明企业，1891 年成立于荷兰，2014 年飞利浦集团分拆医疗和照明两大业务，照明业务约占集团收入的 30%。2016 年集团将照明业务在泛欧交易所上市，并宣布于未来数年全部出售，持股比例已由近 70% 下降至 18%，主因是其利润率较医疗业务低。2016 年 5 月，公司宣布解散深圳工厂。2018 年 8 月，飞利浦完成对深圳磊明科技的收购，专注城市景观和建筑立面照明等商业灯具业务。

专业照明主要包括 LED 灯具和灯管、传统灯具和灯管、室内灯具和户外灯具四个领域。除此之外，公司近期致力打造的互联灯具让城市更加安全宜居，写字楼更加低耗节能，店内购物体验焕然一新。IoT 平台和系统能够为客户提供独到见解、优势和服务。

家居照明涉及飞利浦个性化智能照明系统、灯具和灯泡三个领域。同时，飞利浦实现了个人互联照明。借助它，客户可以时刻为家中的各个房间营造适宜的照明氛围，或利用应用程序或语音命令随心远程开关照明。

2018 年，公司实现收入 63.6 亿欧元，同比下降 8.7%；净利润 2.6 亿元，同比下降 7.1%；净利润率维持在 4.1%。公司来自 LED、商业照明、家用照明、传统照明的规模均有不同程度的萎缩，其中传统照明收入同比下降 20.1%。

分业务来看，专用商业照明是其主要收入来源。2018 年专用、LED、传统、家用照明业务板块收入占比分别为 41.4%、28.5%、22.5%、7.3%。LED 照明占比进一步提升（家用和专用照明中均包含 LED 技术产品）：由 2014 年的 43% 提升至 2018 年的 71%。

分区域来看，欧洲地区为其主要的收入来源，且占比逐渐增大，美洲和其他地区收入占比进一步缩小。

（2）德国欧司朗。

欧司朗（Osram）：百年巨头，全球领先照明企业。

欧司朗是全球第二大照明企业，照明通路市占率居欧洲第一、北美第二。营销渠道覆盖全球 150 多个国家和地区，已在全球 40 多个国家建立直接完善的零售和贸易销售渠道，总部位于德国。公司过去的五大业务中，LED 发展落后：传统照明、LED 照明、光源及解决方案、专用照明（汽车灯为主）和光电半导体，2014 年收入占比分别为 38%、9%、9%、30%、22%。2014 年实现收入 51 亿欧元。

2016 年，国内 LED 中游封装龙头木林森组建财团出价逾 4 亿欧元收购 LEDVANCE 年营收约 20 亿欧元的业务。2016 年 7 月起独立运营，包括传统照明、LED 照明、OTC 灯具及智能家居电子等业务。剥离后 2016 年实现收入 38 亿欧元，专用照明、光电半导体、照明解决系统分别占比 53%、38%、27%。2019 财年开始，公司将业务重新分类为光学半导体、汽车和电子器材三个板块，以便专注发挥其在这三个板块的特长。

汽车照明，即车用照明，欧司朗是行业第一品牌，主要竞争对手有 Lumileds、GE 和 Nichia。收入大部分来源于售前整车新装市场。

光电半导体依赖于光电半导体技术研发及生产相应产品，包括 LED 产品及其他，主要应用领域为汽车工业及其他工业领域，同时通用照明需求也在不断增长。行业竞争方面，欧司朗与 Nichia 处于一线梯队，其他竞争对手包括 Lumileds 和 Cree，亚洲企业是公司的主要竞争对手，包括三星、Epistar、Everlight、LG Innotek、首尔半导体等，产品主要销往 APAC 区域。

数字系统（Digital Systems）主要提供传统电子控制元件及 LED 组件等，行业主要竞争对手包括 Philips Lighting、Zumtobel 以及部分亚洲企业，例如松下、三星、LG 等，主要产品销售于美洲区域。

照明解决方案提供灯具及照明方案等产品服务，包括灯具的生产与销售，以及室内外照明的设计方案。对于灯具市场，行业内前五大供应商市场份额低于 30%，欧洲主要竞争对手为 Zumtobel、Philips Lighting、Fagerhult、Trilux、Schreder 和 Eglo Leuchten。Acuity、Hubbell 和 Cree 是美洲市场主要竞争对手。

2015—2017 财年，公司营业收入呈现上升趋势；2017 财年，公司总营收为 41.28 亿欧元，同比增长 9.68%；2018 财年，公司总营收 41.15 亿欧元，同比变化 –0.3%，略有下滑。毛利润 13.15 亿欧元，对应毛利率 31.96%，下降约 2.8 个百分点；净利润 1.41 亿欧元，在 2017 年同比下降 44.58% 的基础上，再下降了 37.2%，净利润率为 3.43%。

分业务来看，2018 年专用照明、光电半导体、照明解决方案分别实现收入 22.24 亿欧元、17.25 亿欧元和 9.73 亿欧元，分别占比 20%、35%、45%。分区域来看，公司位于欧洲、亚太、美洲的业务收入占比较为均衡，来自亚太的订单略多，占比 28%。其中，中国区域收入由 2017 年的 8.37 亿欧元上升至 8.83 亿欧元，同比上升 5.5%，占 APAC 区域收入的比例为 60.1%，占比提升约 2.21 个百分点。

（3）美国通用电气公司。

通用电气（GE）：照明业务逐渐剥离。

通用电气是全球领先的工业公司，成立于 1892 年，前身为 1879 年成立的爱迪生照明公司，创始人为著名发明家托马斯 · 爱迪生先生，总部设立在美国波士顿。GE 旗下拥有多个行业的公司，包括 GE 照明、GE 能源设施、GE 器材、GE 资本、GE 金融、GE 技术设施、GE 医疗、GE 交通等业务，遍及全球 180 多个国家和地区，2017 年全球总收入超过 1220 亿美元，拥有 30 多万名员工。除了在传统的照明、电气等领域保持领军地位外，GE 还在增材制造、材料科学、数据分析等全新领域引领着行业的发展。

GE 照明秉承创新精神，不懈致力于开发高性能解决方案，改善人们在工商业和城市居住方面的照明方式。照明集团在全世界范围内拥有 15000 多名员工，业务遍及全球 100 多个国家和地区，销售 Reveal 和 Energy Smart 消费者品牌，以及 Evolve、GTx、Immersion、Infusion、Lumination 和 Tetra 等商业品牌的产品，以上商标均为 GE 所有。目前照明业务所占 GE 业务总比重较小，仅为 2% 左右。

2017 年 6 月，GE 公司正式宣布将出售 GE 照明业务，估值约 5 亿美元。出售的主要是消费类照明业务，包括北美住宅 LED 照明和住家联网技术。照明业务是 GE 集团为数不多的消费业务，营收占比不足 2%，且利润率相较其他业务不高，故选择将其出售。

与此同时，GE 仍将保留旗下 Current 公司的商业 LED 照明业务。Current 成立于 2015 年，是一家结合了 LED、太阳能、储能与电动汽车业务等的创新型能源公司。2019 年 4 月 2 日，GE 宣布已经完成对 Current 公司的出售，卖给了总部位于纽约的私募股权公司 AIP，但仍保留 GE Current 的品牌。

公司照明产品营业收入总体呈下降趋势。2017 年，公司总营收为 19.41 亿美元，同比下降 59.24%，2018 年营收 17.23 亿美元，同比下降 11.23%；2015—2018 年公司总营业收入的年复合增长率为 –58.21%。收入下滑主因是 2016 年剥离出售照明板块中的家电业务，余下的照明业务收入亦下滑，主因是传统照明产品销量下滑、LED 价格压力以及退出亚洲及拉美地区市场。2018 年，GE 照明在美洲的收入占比为 83%，在亚洲已经停止了业务。

（4）中国木林森股份有限公司。

木林森成立于 1997 年，是一个集 LED 封装与 LED 应用产品于一体的综合性光电企业。从传统的发光二极管封装到红外线开发和大功率产品的开发和利用，短短的十余年时间，木林森从几十人发展到近万人，并在全国范围内设立了多家分公司、子公司和大型生产基地。公司引进国际先进的全自动化生产线 ASM 全自动固晶机、ASM 自动焊线机、自动分色分光机、自动封胶线；并购进 ESD 测试机，DSC 测试机、LED 支架镀层测试器、高温储存试验箱、冷热冲击试验机、裸晶测试系统、LED 角度与光谱分机器系统。一流的生产工艺，精良的生产设备，先进的检测仪器和完善的检测手段，使木林森具有卓越的产品品质和强大的生产能力，月生产直插 LED 20 亿只、数码管 5 亿只、贴片 12 亿只，年产发光二极管、点阵、数码管、时钟板数百亿只。2014 年，木林森器件封装在全球照明市场占比排名第七位，被评为全球第九大 LED 企业，并于 2015 年 2 月 17 日在深圳证券交易所成功上市。2016 年，木林森收购超时代光源，抢占 LED 灯丝灯市场，并参与联合收购欧司朗通用照明品牌朗德万斯（LEDVANCE）。2018 年，木林森年营收突破百亿元，成为国内首个年收入过百亿企业。

（5）韩国首尔半导体。

韩国首尔半导体（Seoul）成立于 1992 年，是一家专业的 LED 制造商，在美国权威调查机构 Strategies Unlimited 2011 年发布的全球排名中居第四位。作为真正的全球性 LED 制造商，SEOUL（首尔）LED 照明拥有 5000 多项专利、世界级 LED 技术和生产能力，以及自主创新技术，例如 Acriche（由公司内部开发）、Deep UV LED（深紫外 LED）和 Non–Polar LED（非极性 LED）等获得国际认可的技术以及 SunLike——提供世界上最佳光质量，以人为中心，优化生物节律的新一代 LED；WICOP——一种简化结构的无封装 LED，提供市场领先的颜色均匀性，并固定成本节约，提供高流明密度和设计灵活性；Nano 驱动系列——世界上最小的 24W DC LED 驱动；Acrich——2005 年开发的全球首个高压 AC 驱动 LED 技术，包含了从芯片、模组、电路制造以及多结技术（MJT）的所有 AC–LED 相关技术；nPola——一种新的基于 GaN 衬底的技术，可实现比传统

LED 10 倍多的输出。UCD——一种高色域显示器，能实现超过 90% 的 NTSC。同时，企业还开发了发光二极管（LED）并将其用于汽车、通用照明、特殊照明和背光照明市场。

1.3 半导体照明技术应用领域

1.3.1 半导体技术应用领域细分

根据LED技术的发展，LED的应用进程大致分为指示应用、信号和显示应用以及通用照明三个阶段。LED在开始之初由于技术限制主要应用于指示灯上；20世纪80—90年代，伴随着高亮LED的出现，LED亮度高、体积小、耐用等特点逐渐在信号灯、标识、汽车车灯和显示领域大放异彩；到90年代后期，随着白光LED应用的出现，以及发光效率逐步提升，研究人员开始更加重视LED在照明领域的应用。LED应用进程及应用领域细分见表1–3、表1–4。

表 1–3　LED 应用进程一览表

年　份	应用领域
1962	指示灯
1970	计算器、数字手表、测试仪器
1980—1985	室外信号显示、条形码系统、光电传导系统、医疗器械
1986—1989	室外显示屏
1990	交通信号灯、显示屏、汽车
1993	医疗设备、光电平板印刷设备
1997—2001	小尺寸 LCD 背光源，全彩大屏幕显示屏、手机背光、汽车仪表背光及刹车灯、景观装饰等
1998—2014	通用照明领域
2015—2019	Mini LED，紫外杀菌领域

（数据来源：麦青研究中心）

表 1–4　LED 应用领域细分

LED 应用类别	典型产品
信息显示	户外显示屏 广告牌 家用电器、仪器仪表
信号灯	交通信号灯 公路、铁路、机场、航运用信号灯

续表

LED 应用类别	典型产品
车用灯具	仪表灯、车内照明 日间行车灯、刹车灯、转向灯、雾灯
液晶屏背光源	手机、数码相机等便携电子产品 笔记本电脑、台式机显示器 液晶电视机
景观照明	护栏灯、投光灯、草坪灯等
通用照明	室内普通照明：球泡灯、筒灯、射灯、面板灯、管灯等 专用照明：路灯、手电筒、头灯、阅读灯等
特种照明	军用、医用照明、生物专用灯等

1.3.2 LED 通用照明

目前的 LED 照明产品以替代传统光源的类型为主，包括 LED 球泡、T8 灯管、MR16、PAR 灯等，这类产品大约还有 3 年左右的高峰期。未来将以各类 LED 灯具为主，如 LED 筒灯、吸顶灯、平板灯、高棚灯以及各类室外灯具（如路灯、庭院灯、草坪灯、投光灯等）。表 1–5 给出了典型的 LED 照明产品。表 1–6 列出了不同照明产品性能参数的比较。

表 1–5　典型的 LED 照明产品

类　型	典型产品
A 型灯	  
装饰灯	  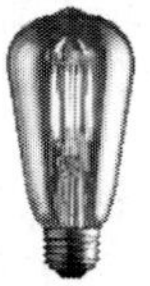
射灯	  
筒灯	  
管灯 / 平板灯	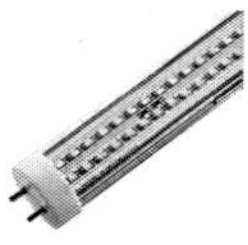 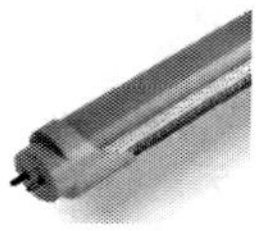 

续表

类　型	典型产品
低 / 高棚灯	 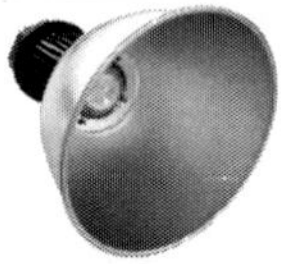
路灯 / 隧道灯	 
建筑外墙灯	  
车灯	 
紫外杀菌灯	 

表 1–6　不同照明产品的性能参数比较

参数	白炽灯	卤钨灯	节能灯	荧光灯	高压汞灯	高压钠灯	金卤灯	LED 灯泡	LED 灯具
初始光效（lm/W）	8 ～ 17	11 ～ 21	50 ～ 70	80 ～ 110	45 ～ 55	105 ～ 125	80 ～ 100	60 ～ 130	80 ～ 180
寿命（小时）	1000 ～ 1500	2000 ～ 3000	6000 ～ 15000	15000 ～ 30000	20000	20000 ～ 24000	10000 ～ 20000	15000 ～ 30000	20000 ～ 60000
显色指数	100	100	70 ～ 85	60 ～ 95	15 ～ 50	25	65 ～ 85	70 ～ 95	80 ～ 95
色温（K）	2600 ～ 2800 K	2800 ～ 3200	2500 ～ 6500	2700 ～ 6500	3900 ～ 5700	2000 ～ 2100	4000 ～ 5000	2700 ～ 6500	2700 ～ 6500

（数据来源：美国能源部）

当前，半导体照明技术正处于快速发展时期。目前国际上白光 LED 产业化发光效率已经达到了 180 lm/W。LED 室内灯具发光效率超过 90 lm/W，室外灯具发光效率超过 110 lm/W。

图 1–5 是美国能源部（Department of Energy，DOE）对不同 LED 照明产品市场平均发光效率的预测，从 2015 年到 2030 年，LED 照明产品的发光效率仍然是一个持续上升的趋势。图 1–6 给出的是替代 60W 白炽灯的 LED 和 CFL（Compact Fluorescent Lamps，紧凑型荧光灯）全球平均零售价格，图中显示，从 2010 年开始，LED 价格逐年迅速下降，到 2020 年 LED 的价格就能和 CFL 持平。

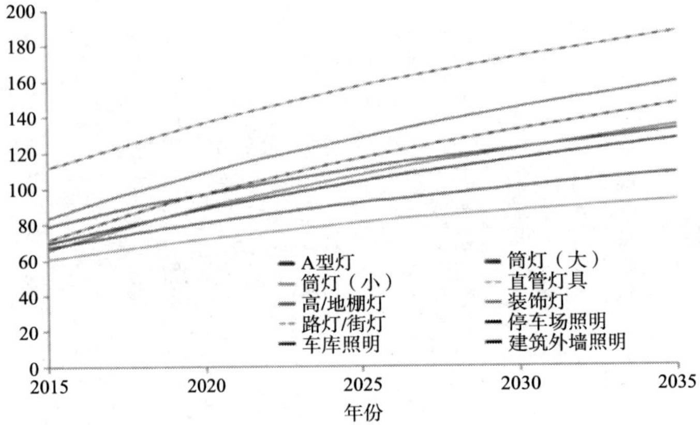

图 1–5　LED 照明产品的市场平均发光效率预测（lm/w）

（数据来源：美国能源部整理）

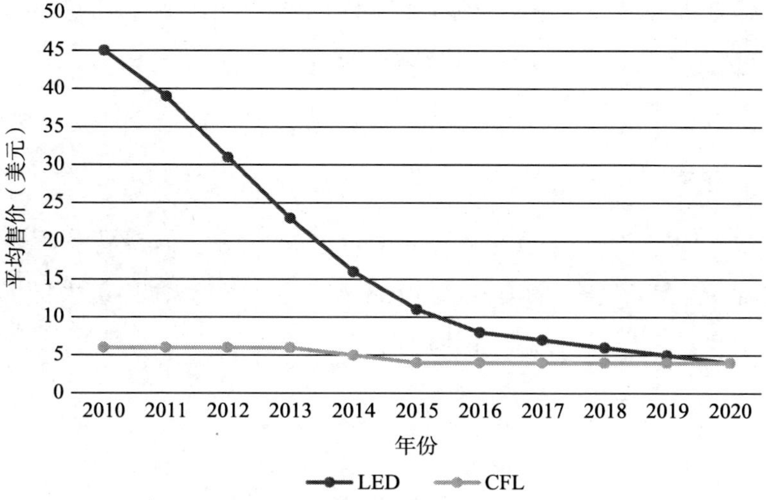

图 1-6　替代 60W 白炽灯的 LED 和节能灯零售价格对比

（数据来源：美国能源部整理）

随着半导体照明技术和产品逐渐成熟完善，半导体照明产品的性价比越来越高，消费者对半导体照明产品的了解和信心不断增加，半导体照明市场需求还在不断扩大。

家居和商业照明应用

家居照明主要指家庭内使用的照明产品。商业照明主要指店铺照明、酒店照明、超市照明、商业地产照明等主要用于商业应用的空间环境照明。家居照明和商业照明都属于室内照明，目前，用于室内照明的LED照明产品主要有LED球泡灯、灯丝灯、筒灯、射灯、管灯、面板灯等。

在商业照明中，使用量最大的是LED管灯、LED Troffer（发光二极管驱动器）和LED面板灯。2017年，全球LED管灯市场中，中国市场占有率最高，达23%，其次是北美和欧洲；而LED Troffer和面板灯市场占比最大的是欧洲市场，达43%。见图1–7。

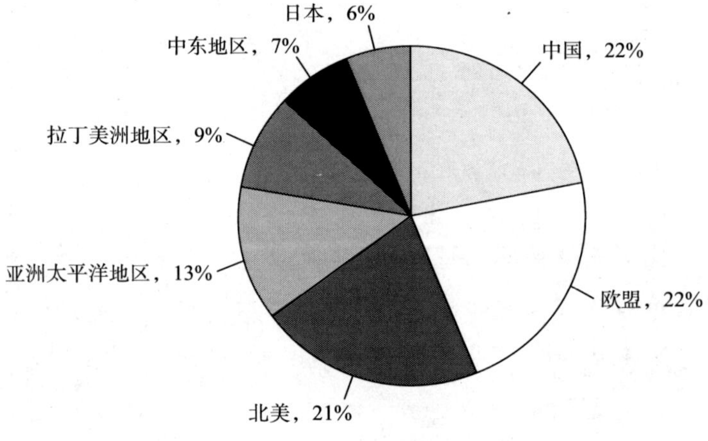

图1–7　全球LED照明市场份额估计

（数据来源：美国照明市场分析）

由于全球淘汰白炽灯运动的推动，LED照明市场快速增长，其中尤为显著的是LED替代型产品，这跟消费者在短期内对先进技术和产品的接受度和识别度也有一定的关系。

LED 路灯应用

室外照明产品中，由于技术的推广和政策的支持，LED 最为广泛应用的是路灯照明，LED 路灯的普及率逐渐提高。2017 年，全球 LED 路灯市场价值达到 33 亿美元，其中欧洲和北美地区占有最大的市场份额。从出货角度看，2016—2018 年全球 LED 路灯复合年增长率仍高达 20%。随着智能照明和智能城市的推广，智能路灯迅速发展，成为智能城市的最佳切入点，很多国家都开始实施智能系统的示范工程。传统道路照明以高压钠灯为主，相比于高压钠灯，LED 照明产品节能可达 40% 以上，虽然在前期投资较大，但随着使用时间的延长，节能效果越来越明显。LED 照明产品不仅发光效率高，而且显色性好，光学设计性能好，使用寿命长，可以进行数字控制和调节，有利于改善道路交通环境，更加符合节能环保要求。美国、日本、澳大利亚、欧盟等国家（地区）都相继出台了 LED 路灯政策，开展一系列的示范工程项目。2017 年中国户外 LED 照明行业论坛报告 [1] 显

[1]　资料来源：《2017 LED 路灯与商用照明市场》。

示，由于各国及地区对 LED 路灯的推广和相关政策的扶持，2017 年全球 LED 路灯照明产值约为 32.95 亿美元，欧洲与北美仍然是最大的区域市场。联合国气候组织首席执行长马克·肯贝尔（Mark Kenber）表示，随着全球各城市的发展，预计 LED 路灯的数量将会在 2025 年达到 3.5 亿盏。

1.3.3 半导体照明应用新趋势

随着全球半导体照明产业的深入发展，半导体照明应用市场日益细分化。重点企业走向价值链高端，加强工业照明、汽车照明、植物照明、智能照明、健康照明等细分领域的创新研发，针对不同的应用环境提供可供选择的照明方案。

从行业知识产权布局（见表 1–7）来看，LED 智能灯、LED 汽车灯、LED 台灯领域的总量热度占据前三位。从发明专利的比例来看，LED 养殖灯、LED 智能灯和 LED 植物灯位于前三，表明目前企业在这三个领域的投入较多，这三个领域可突破的技术较多。而 LED 集鱼灯和 LED 教室灯还处于起步布局的阶段。

表 1-7　LED 领域专利申请汇总表

序号	产品领域	发明专利		实用型专利		外观专利		发明授权		总和
1	LED 防爆灯	556	18.09%	1831	59.58%	343	11.16%	343	11.16%	3073
2	LED 养殖灯	404	37.24%	604	55.67%	19	1.75%	58	5.35%	1085
3	LED 集鱼灯	61	29.76%	112	54.63%	10	4.88%	22	10.73%	205
4	LED 植物灯	1614	32.97%	2939	58.39%	240	4.77%	240	4.77%	5033
5	LED 教室灯	123	29.08%	272	64.30%	16	3.78%	12	2.84%	423
6	LED 台灯	1923	20.16%	5326	55.82%	2154	22.58%	138	1.45%	9541
7	LED 汽车灯	3588	24.22%	8711	58.8%	1859	12.55%	656	4.43%	14814
8	LED 智能灯	10606	33.47%	19056	60.14%	596	1.88%	1426	4.5%	31684

（数据来自：中国专利）

智能照明

智能照明是利用计算机、无线通信讯数据传输、扩频电力载波通信技术、计算机智能化信息处理及节能型电器控制等技术组成的分布式无线遥控、遥测、遥讯控制系统，来实现对照明设备的智能化控制。目前，人们所要求的智能化主要包括能实现灯具的开、关、调光、延时关等，手动和遥控对各路灯具的操作，能够依据用户个性化需要定义各种场景灯光，如夏天冷色调灯光、冬天暖色调灯光、会客灯光、休闲灯光等，并可以通过遥控器或手机App操作，整个智能照明系统设计简单，安装调试方便，操作容易。整体来说，智能照明市场尚未成型，基本还处于引导消费者的阶段。随着网络技术及通信技术的发展和数字化家居概念的提出，智能照明作为数字化家居的一部分而受到重视。数字化家居的重要组成部分逐渐被各个智能化厂家所重视，数字化概念的提出受到各大企业及行业的追捧。随着智能照明发展渐趋成熟，围绕人的体验的智能化研究将成为主流，以人的行为、视觉功效、视觉生理心理研究为基础，开发更具有科学含量的、以人为本的高效、舒适、健康的智能化照明。智能技术与照明的结合使照明更进一步地满足不同个体、不同层次群体的照明需求，是使照明从满足一般人的需求到满足个体、个性需求的必不可少的技术手段，这也应该是智能照明的发展方向。

智能照明技术的发展掀起了 LED 室内照明应用的风潮。由于 LED 本身具有的数字化、电子化等传统光源不具备的特性，可以根据人的心理和生理需求，或者光照需要，自动感应和调节出最舒适的照明效果，实现更高质量、更个性化的照明效果。在物联网的引领下，LED 照明的智能化将成为智能家庭和智能建筑的一部分，是业界非常看好的 LED 照明的潜在市场。

在室外照明领域，智能 LED 路灯能够在原来 LED 节能的技术上再节能 10% ～ 20%。Navigant Research 早前的调研显示，全球智能路灯市场价值将于 2017 年达到 6.1 亿美元，并在 2026 年增长到 69 亿美元。市场份额预计将从 2017 年的 2% 增长到 2026 年的 20% 左右。目前智能控制仅占 2017 年路灯安装基数的 2%，而且并没有被充分利用。

以 LED 路灯作为智慧城市建设的载体，是照明行业普遍认同的观点。将 LED 路灯纳入城市物联网系统，以 LED 路灯为基点，负载各种形态的功能和应用，形成集监控、安保、应急、检测、信息传输等于一体的开放式城市服务体系，共同打造智慧城市应用网络。其中飞利浦照明 2014 年推出的 CityTouch Flex 智能互联道路照明系统令人瞩目，已在美国洛杉矶、印度尼西亚雅加达等超过 36 个国家和地区的 800 多座城市成功运用，分布在城市各处。

植物光照

光是植物生长发育的重要环境因子，地球上植物生长发育所需的光能主要来自太阳辐射。由于植物对光具有选择性吸收的特征，其光能利用效率仅为 0.5% ～ 1%。随着科学技术的进步以及农业与生物产业的快速发展，植物对有效光的利用已经突破单纯依靠太阳光的限制，人工光源代替或补充自然光照的不足已经成为现代农业的重要手段。目前，在植物生产系统中应用人工光源的主要有温室大棚、植物组培、植物工厂、育苗工厂以及生物物理防治等领域。

塑料大棚和温室是现代农业设施的重要组成部分，是蔬菜、花卉、瓜果等作物周年连续生产的重要手段，但由于受地理位置、季节、天气状况、雾霾以及温室自身覆盖材料、灰尘与结构遮光等因素的影响，室内光照不足的现象经常发生，严重影响作物的产量与品质。如番茄，若出现苗徒长，以及早期落花和早衰的现象，总产量会下降 1/3 左右；喜高光强的果菜类作物长期生长在弱光逆境中，会出现弱光胁迫，光合作用降低，病虫害增加，导致植株营养体生长不健壮、落花落果严重、果实发育缓慢、含糖量降低、产量下降、品质变劣等。为了避免弱光逆境，减少植物光照不足带来的危害，摆脱植物生产对自然光照的依赖，人工补光已经成为众多温室大棚等可控环境农业系统植物生产的必然选择。

植物工厂作为设施园艺的最高级发展阶段，被认为是21世纪农业取得革命性突破的重要手段之一。近年来，植物工厂在国内外发展迅速，已经成为植物生产领域的研究热点。目前，植物工厂主要有两种模式：一种是以温室为主体的太阳光和人工光并用型植物工厂；另一种是以封闭的隔热空间为主体的人工光完全控制型植物工厂。太阳光和人工光并用型植物工厂主要应用人工光源进行临时补光，人工光完全控制型植物工厂则完全采用人工光源进行植物的全年连续生产，人工光环境下的多层培植，是未来设施农业的发展方向，但对人工光源的依赖相应增大。多数食用菌子实体原基产生和子实体生长发育对光照都有一定的要求，食用菌种类不同，其对生长环境中的光照条件（光周期、光质和光强）需求各异，同时也存在阶段性差别（菌丝生长阶段、子实体生长阶段）。传统电光源因其光强、光质固定，不能满足食用菌工厂化生产过程中光环境精准智能调控的技术要求。

LED作为半导体固态冷光源，具有光质纯、光效高、波长类型丰富、可按照农业生物需求调制光谱能量等突出优势，是食用菌工厂化生产光环境调控的理想光源。LED光源的应用使得食用菌工厂化生产过程中彻底实现了光环境要素的按需调节，具有里程碑式的意义。

此外，在植物保护领域的生物物理防治过程中，人工光源也正在发挥越来越重要的作用。昆虫在长期的进化过程中形成了各自不同的趋光性，如蚜虫对550～600nm的黄色光有较强的趋性，而亚洲玉米螟对紫外线和紫光区某些波长的趋光性强。利用昆虫的趋光性来防控害虫已有悠久的历史，1964年我国已在农业生产上大面积采用黑光灯诱杀农业害虫。同时，利用趋光性诱杀蚜虫等方法在实践中越来越受到人们重视，目前已开发出了各种波长的诱虫灯、驱虫灯等。近年来，世界各国都在试验利用不同光谱的人工照明装置进行害虫的诱杀驱除研究，取得了显著的防治效果。

现代农业对农业照明有广泛的市场需求，传统的照明光源主要有高压钠灯、荧光灯和白炽灯等，近年来随着LED技术的不断进步和成本的大幅度下降，LED在农业中的应用越来越普遍。

中国 LED 产业已初步形成珠江三角洲、长江三角洲、北方地区、江西及福建地区四大区域，每一区域都初步形成了比较完整的产业链，85% 以上的 LED 企业分布在这些地区。国家半导体照明工程首批批准的半导体照明工程产业化基地为上海、厦门、大连和南昌，基本反映了这种产业格局。

近年来，我国各级政府相继出台了一系列政策推动和鼓励半导体照明产业的发展，其中政府研发资金的投入对我国半导体照明产业的发展发挥了巨大作用。农机补贴政策是国际通用的支持农业政策；美国出台各种法案支持固定资产投资，对于市场过剩的粮食给予最低保护价；法国对农业固定资产投资的补贴支持达到了总投资额的 45% ～ 50%，日本达到了 60% ～ 80%。随着农业的进一步发展，世界各国更是扩大了补贴范围。2012 年我国中央农机购置补贴资金达到 200 亿元，超过从 2004 年至 2009 年这 6 年间中央财政补贴资金量的总和。2016 年我国农机购置补贴资金更是达到 350 亿元。LED 光照系统如能列入相应的农机补贴，将加快 LED 在现代农业领域中的应用进程。

健康照明

光一般视为刺激视觉效果的电磁辐射，但是人眼看到的光，不仅是对眼睛本身的感受，还对人体的生理、情绪和行为有着很大的影响，这些通常称之为光的非视觉效应。随着光的非视觉生物效应的研究，人们发现光照对于人类的影响不仅仅只是满足照明的基本需求，同时会对人类的生理节律产生影响，与人类健康和动植物的生长也有密切关系。2015年CIE（International Commission on illumination，国际照明委员会）报告指出，灯光存在一些“看不见”的效应，可能会对人类的生物钟、警觉性、睡眠等产生影响。光是日常环境中很重要的一部分，使人类能看到这个世界从而与这个世界互动。而光的“看不见”效应对人类行为的影响却常被忽视。这些非视觉效应对人类的生理机能、内分泌系统和行为系统都有调节作用，使我们能够在24小时内进行“睡眠——清醒”的循环，这就是大家所知的“昼夜节律”。健康舒适性的客观测量指标，已成为全球照明产业界最关注的问题。目前的共识是，光照刺激的非视觉作用取决于光照的光谱、强度、持续时长、时相和时间模式等因素。较之传统光源，LED更符合光疗对光源的各项特殊要求。具有光波长选择范围广，辐射光量、辐照光斑可控可调，光色纯，无有害光谱成分，以及电气安全等特点。

随着半导体照明产业的快速发展，为光环境的营造提供了更多的素材。当前 LED 可覆盖的医学应用领域包括心理治疗、紫外固化、POT（光动力治疗），光化学、美容嫩肤以及疾病治疗等，而且不同波长对应的医学应用领域不同，比如消毒杀菌、生化仪器、光疗仪；红外理疗仪；医用内窥镜、手术无影灯、手术显微镜等的应用波长都不同，而 LD 光源波长范围广的特性也使得 LED 光源可以被适用于多种医疗领域。

由于人们长期生活在大量的人工光环境中，因此迫切需要对光环境进行调控，促进身体健康，避免伤害。这也是 CIE 在照明领域，特别是 LED 照明技术出现后研究的重点领域。非视觉照明已逐渐成为 LED 照明中新兴的发展方向。

第2章

国际照明领域合作平台及国际政策

2.1　国际照明领域合作平台介绍

2.1.1　全球环境基金

GEF（Global Environment Facility，全球环境基金）是世界银行于 1990 年创建的旨在支持全球环境保护和促进环境可持续发展的机构，资金量为 10 亿美元。在 1994 年里约峰会期间，全球环境基金进行了重组，成为一个独立的常设机构。

全球环境基金管理着不同的信托基金，分别是，GEF（Global Environmental Fund，全球环境基金信托基金），LDCF（Least Developed Countries Fund，最不发达国家信托基金）、SCCF（Special Fund for Climate Change，气候变化特别基金）和 NPIF（Nagoya Protocol Implementation Fund，名古屋议定书执行基金）。

作为一个国际资金机构，全球环境基金主要通过赠款或其他形式的优惠资助，为受援国（包括发展中国家和部分经济转轨国家）提供关于气候变化、生物多样性、国际水域和臭氧层损耗四个领域以及与这些领域相关的土地退化方面项目的资金支持，以取得全球环境效益，促进受援国推进有益于环境的可持续发展。全球环境基金每 4 年增资一次，自 1994 年重组以来，全球环境基金已进行了六次增资：第一增资期（1994—1998 年）增资 20 亿美元；第二增资期（1998—2002 年）增资 27.5 亿美元；第三增资期（2002—2006 年）增资 30 亿美元；第四增资期（2006—2010 年）增资 31.3 亿美元；第五增资期（2010—2014 年）增资 43.4 亿美元；第六增资期（2014—2018 年）增资 44.33 亿美元。

自 1996 年中国启动绿色照明工程后，国家发展改革委联合全球环境基金、联合国开发计划署共同开展了三期绿色照明国际合作项目。绿色照明工程的顺利实施，受到了广大消费群体关注和支持，优化升级了国内照明电器行业的结构，推动了节能灯具的普及应用，提高了群众节电意识。2016 年 12 月，更是参与发起了“促进半导体照明市场转化、推广节能环保新光源”第四期国际合作项目，旨在通过提升半导体照明产品的市场转化能力，促进优质高效半导体照明产品在中国的应用，实现节电目标并减少温室气体的排放。项目将针对增强半导体照明市场发展、半导体照明市场转化政策与机制、半导体照明应用示范、加强半导体照明质量保证能力等四部分开展具体活动。项目实施阶段，全球环境基金（GEF）赠款 700 万美元用于支持开展具体的活动。

2.1.2　联合国环境规划署

联合国环境规划署（United Nations Environment Programme，UNEP）成立于 1972 年，总部设在肯尼亚内罗毕。UNEP 是全球领先的环保机构，负责制定全球环境议程，促进在联合国系统内环境层面可持续发展执行的一致性，并作为全球环境的权威倡导者。

联合国环境规划署的工作可分为七个广泛的主题领域：气候变化、灾害和冲突、生态系统管理、环境治理、化学品和废物、资源效率和审查中的环境。

联合国环境规划署与中国的合作关系始于 1973 年，中国是联合国联合国环境规划署理事会成员。1976 年，中国在内罗毕设立驻联合国环境规划署代表处，由中国驻肯尼亚大使兼任代表。2003 年 9 月，联合国环境规划署驻华代表处在北京成立。2014 年 5 月 10 日，中国国务院总理李克强在内罗毕会见联合国环境规划署执行主任施泰纳。2017 年，习近平主席在首届“一带一路”国际合作高峰论坛倡议建立“一带一路”绿色发展联盟，联合国环境规划署参与筹建该联盟。

目前，联合国环境规划署向所有联合国会员国、联合国专门机构成员和国际原子能机构开放，所有成员均可加入。目前有成员国 193 个。联合国环境规划署资金主要来自成员国自愿认捐，主要用途是为该署提供联合国预算外资金，用于支付或部分支付该署活动经费，以及与其他联合国机构、国际机构、各国政府和非政府组织进行合作的费用。

在照明节能领域方面，2012 年，联合国环境规划署与国家电光源质量监督检验中心（北京）合作建立了首个高效照明技术合作中心——GELC（全球高效照明技术中心），为全球高效照明技术推广提供技术支持及解决方案，加快高效照明技术的转化，创建信息平台实现全球资源共享，促进产业与消费市场的对接，推动发展中国和新兴国家高效照明有效转型。GELC 的业务范围主要包括：①高效照明推广与信息共享和传播；②质量控制；③照明技术能力建设；④应用研究。GELC 致力于充分发挥中国作为全球最大照明制造基地的优势与作用，更好的帮助发展中国家提高照明技术水平和产品质量。

2.1.3　能源效率倡议

能源效率倡议（United for Efficiency，U4E）是一个由联合国联合国环境规划署领导，国际环境基金会资助的全球项目。该项目获得了全球众多致力于推动节能灯具，家用电器以及工业设备市场转型的企业与组织的大力支持。它致力于通过对照明设备和其他电器设备（如空调、制冷设备等）的高效转型来改善全球气候现状，减少空气污染并带来经济效益。

U4E 的研究显示，在 2015 年至 2030 年间，假如不采取新的政策措施，预计发展中国家和新兴经济体所有产品的年用量将增加 127%。能源效率倡议（U4E）可与国家合作提升以下产品的能效：室内空调设备、家用冰箱、室内外照明设备、输电变压器、电动摩托和摩托系统。发展中国家和新兴经济体可以通过提高能源效率倡议（U4E）所覆盖产品的能效来减少近 20% 的国家电力消耗。产品潜在的能效提高空间分别为：室内空调，≥ 30%；室内和室外照明，40% ～ 90%；电动机系统，20% ～ 30%；家用冰箱，30% ～ 60%；配电变压器，可达 25%。

U4E 帮助发展中国家和新兴经济体照明市场转型的综合政策方针体现在以下五方面：①设立标准与规定；②节能标识与宣传；③财务与提升支付能力；④监管，检验与执行；⑤环境无害化管理。

2.2　国际照明政策介绍

2.2.1　全球气候变化与能源危机带来的机遇

20 世纪 70 年代以来，随着对地球大气系统的深入了解，全球气候变暖问题逐渐引起了大众的广泛关注。为了控制温室气体排放，应对气候变化危害，1992 年联合国环境与发展大会通过了《联合国气候变化框架公约》，各缔约方根据公约规定目标，将大气中温室气体的浓度稳定在防止气候系统受到危险的人为干扰的水平上，确保生态系统能够自然地适应气候变化，确保粮食生产免受威胁，并使经济发展能够在一定的时间范围内可持续进行。1997 年，在日本京都召开了缔约国第三次大会，149 个国家和地区的代表通过了《京都议定书》，规定从 2008 年到 2012 年期间，主要工业发达国家的温室气体全部排放量在 1990 年的基础上至少减少

5%，其中欧盟将六种温室气体的排放削减 8%，美国削减 7%，日本削减 6%。2015 年，《联合国气候变化框架公约公约》第 21 次缔约方大会暨《京都议定书》第 11 次缔约方大会（气候变化巴黎大会）在法国巴黎举行。巴黎大会最终达成《巴黎协定》，中心目标是保持 21 世纪全球平均气温升幅控制在工业化前水平的基础上低于 2℃之内，并努力将气温升幅限制在工业化前水平的 1.5℃之内，以加强全球对气候变化威胁的响应。到目前为止，签署和批准《巴黎协定》的《联合国气候变化框架公约》缔约方分别达到 178 个和 197 个。

气候变化问题很大程度上是能源问题，大约一半的温室气体是因为通过燃烧化石燃料供电供暖而产生的，控制在上升 2℃以内的目标已经成为人类的共识。前瞻产业研究院数据显示，2017 年，全球一次能源消费量为 135 亿吨油当量，亚太、北美、欧洲为三个主要消费地区，消耗占比分别为 42%、21%、15%。2018 年消耗的能源中石油、天然气和煤炭占 85%，其他可再生能源占 15%。因此，应对气候变化的任务非常艰巨。而从现实来看，全球能源消费尚未达到峰值，随着经济和城市化进程的快速发展和人口的增长，能源消费和温室气体排放的需求仍然在快速增长，广泛影响人类和自然系统。国际能源署预测，到 2040 年，全球能源需求量将增加 30%，石油、煤炭以及天然气在能源领域仍占有重要地位。未来 20 年全球将面临能源与气候方面的双重考验。

控制温室气体排放、缓解能源危机的重要途径之一就是提高能源效率，由此来控制和减少二氧化碳等温室气体的排放量，推动可持续发展。2011 年，时任联合国秘书长潘基文启动了“Sustainable Energy for All”（SE4ALL，人人享有可持续能源）倡议，动员全球采取行动支持联合国可持续发展目标的三项核心目标，即到 2030 年：

- 确保普遍获得现代能源服务；
- 将可再生能源在全球能源结构中的份额翻一番；
- 使全球能源效率改善的速度加快一倍。

照明是 SE4ALL 倡议行动中的重点领域之一。照明用电约占全球总用电量的 15%。如果以 2010 年的照明用电量为基础，同时考虑到人口增长和生活水平的一般提升，在没有任何政策措施干预的情况下，到 2030 年照明用电量将增长 27%，如图 2-1 所示，相当于目前德国和法国的年用电量之和，那么仅照明耗电就会对全球温室气体排放带来巨大的压力，消耗更高的能源成本。鉴于如此可观的潜在经济、环境和社会效益，SE4ALL 将先进的照明技术确定为帮助实现能源效率目标的“加速器”。在照明加速器的推动下，到 2030 年预期可实现每年的照明用电量比 2010 年减少 1290 太千瓦时，如图 2–2 所示，如果在全球范围内进行照明节能改造，到 2030 年，每年将节省电费 500 亿美元，二氧化碳减排 390 兆吨。

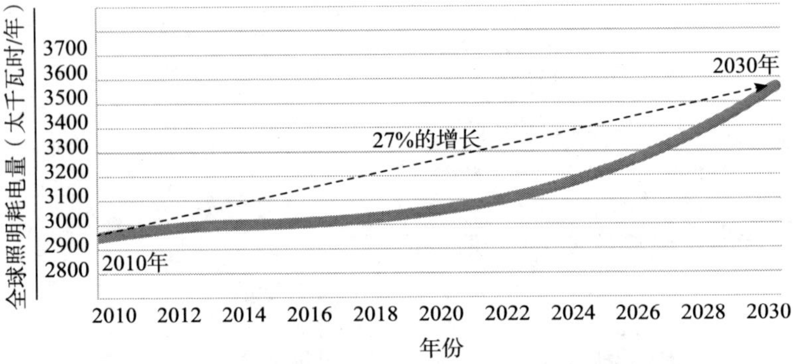

图 2–1　全球照明耗电走势（基于现有基础，没有新政策）

（数据来源：SE4ALL）

从不同地区来分析，以 2010 年的照明安装量为基础，如果将传统白炽灯替换成高效照明产品，实现的节能效益最少也在 30% 以上，其中东欧和中亚的总节能效益最大，接近 45%，如图 2–3。根据联合国联合国环境规划署的预测，如果将全球所有的光源都转换为 LED 灯，那么全球照明耗电量可减少 50% 以上，相当于可减少德国一年的二氧化碳的排放量。

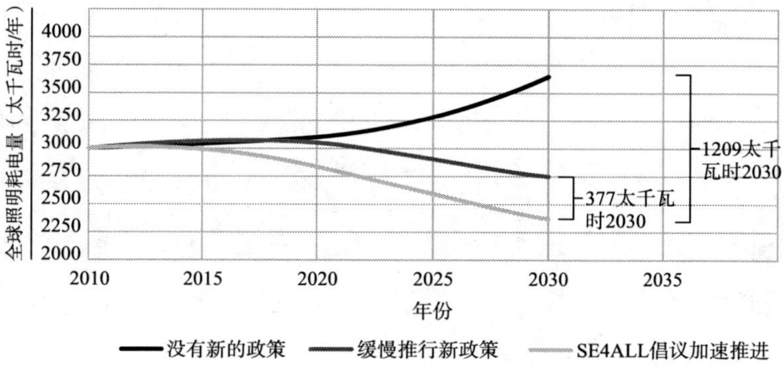

图 2-2　SE4ALL 加速器推动下、缓慢推行新政策与没有新政策三种不同模式下节能量的比较

（数据来源：SE4ALL）

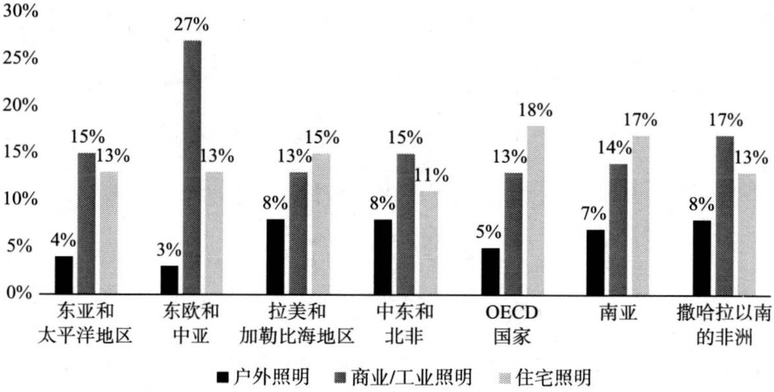

图 2-3　不同区域照明节能的潜力

（数据来源：联合国环境规划署）

应对全球气候变暖、缓解能源危机给高效照明的发展提供了动力和机遇。加快高效照明转换在全球的推广，有助于减少电力消耗、雾霾产生和碳排放量，促进资源节约和环境友好型城市的建设。高效照明是全球最有吸引力的能效措施之一，而能源的节约和碳排放量的减少，也能帮助许多国家释放出更多资源用于其他关键需求，如医疗保健、教育和基础设施改进等。高效照明对解决全球气候变暖具有重要意义。

2.2.2 全球淘汰白炽灯运动

在全球能源危机和气候变化问题的双重压力下，节能减排已成为一个全球性的重要议题。照明节能作为最经济有效的节能方式之一，其显著的节能效果和可观的经济效益引起了越来越多国家的重视。为实现《京都议定书》承诺的减排目标，各国都在努力寻求技术可行和具有成本效益的节能减排措施，而照明技术的进步，新的高效照明产品的出现，使得照明节能成为最具有节能潜力和最易实现的技术。高效照明技术的应用可以使能源效率比传统白炽灯提高 6 ～ 15 倍，在日益增长的照明需求推动下，淘汰白炽灯运动越来越受到各国政府的关注，成为它们开展节能减排行动的重点措施之一。

2007 年，澳大利亚成为首个以立法形式宣布全面禁止低能效白炽灯的国家，与此同时，新西兰政府也表示积极支持此项政策，与澳大利亚保持一致。2007 年，欧盟部长理事会要求欧盟在 2009 年前制定针对白炽灯使用要求的规定。随后国际能源署提出逐步淘汰低能效白炽灯的建议，得到国际能源机构 26 个成员国部长的认可和支持。此外，德国、英国、爱尔兰、葡萄牙、比利时、荷兰、美国、加拿大、日本等国相继出台或发布了逐步淘汰低能效白炽灯的措施和计划。自此，淘汰白炽灯运动日益发展成为一个国际化的行动。

中国是白炽灯的生产和消费大国，2010 年白炽灯产量和国内销量分别为 38.5 亿只和 10.7 亿只。据测算，中国照明用电约占全社会用电量的 12% 左右。如果把在用的白炽灯全部替换为节能灯，年可节电 480 亿千瓦时，相当于减少二氧化碳排放 4800 万吨，节能减排潜力巨大。逐步淘汰白炽灯，不仅有利于加快推动中国照明电器行业技术进步，促进照明电器行业结构升级优化，而且将为实现节能减排目标、应对全球气候变化做出积极贡献。

中国淘汰白炽灯路线图以国家发展和改革委员会、国家质量监督检验检疫总局、国家工商行政管理总局、海关总署等部门联合公告的形式发布并实施。中国淘汰白炽灯路线图分为五个步骤（见表 2–1），包括：

第一步骤：2011 年 10 月 1 日，发布中国淘汰白炽灯政府公告及路线图，并将 2011 年 10 月 1 日至 2012 年 9 月 30 日设为过渡期。

第二步骤：2012 年 10 月 1 日起，禁止销售和进口 100 瓦及以上普通照明用白炽灯。

第三步骤：2014 年 10 月 1 日起，禁止销售和进口 60 瓦及以上普通照明用白炽灯；依据能效标准，禁止生产、销售和进口发光效率低于能效限定值的低效卤钨灯。

第四步骤：2015 年 10 月 1 日至 2016 年 9 月 30 日，对前期政策进行评估，调整后续政策。

第五步骤：2016 年 10 月 1 日起，禁止销售和进口 15 瓦及以上普通照明用白炽灯。

表 2–1　中国淘汰白炽灯计划阶段实施表

步骤	实施期限	目标产品	额定功率	实施范围与方式	备　注
1	2011 年 10 月 1 日—2012 年 9 月 30 日	过渡期为一年			发布公告及路线图

续表

步骤	实施期限	目标产品	额定功率	实施范围与方式	备　注
2	2012 年 10 月 1 日起	普通照明用白炽灯	≥ 100 W	禁止进口、国内销售	—
3	2014 年 10 月 1 日起	普通照明用白炽灯	≥ 60 W	禁止进口、国内销售	发布卤钨灯能效标准，禁止生产、进口与销售低于能效限定值的卤钨灯
4	2015 年 10 月 1 日—2016 年 9 月 30 日	进行中期评估，调整后续政策			
5	2016 年 10 月 1 日起	普通照明用白炽灯	≥ 15 W	禁止进口、国内销售	最终禁止的目标产品和时间，以及是否禁止生产视 2015 年的中期评估结果而定

（数据来源：国家发展改革委）

淘汰白炽灯并不意味着各国禁止使用所有的白炽灯，其重点在于淘汰传统的用于普通照明的低效能的白炽灯，对于特殊用途的白炽灯仍采取保留豁免措施，并且大部分国家都采取了逐步淘汰、分阶段实施的政策，见图 2–4。此外，在一些地区，如欧盟和澳大利亚，虽然实施了淘汰白炽灯的政策，但采用的是对白炽灯产品实施最低能效标准和标识项目，仍然允许符合标准要求的白炽灯的使用，如高效卤钨灯。而诸如印度、纳米比亚、博茨瓦纳、肯尼亚等国家，则通过高效照明替换项目，宣传和推广高效照明技术，增强民众的节能意识，从而有步骤地达到“淘汰”白炽灯的目的。

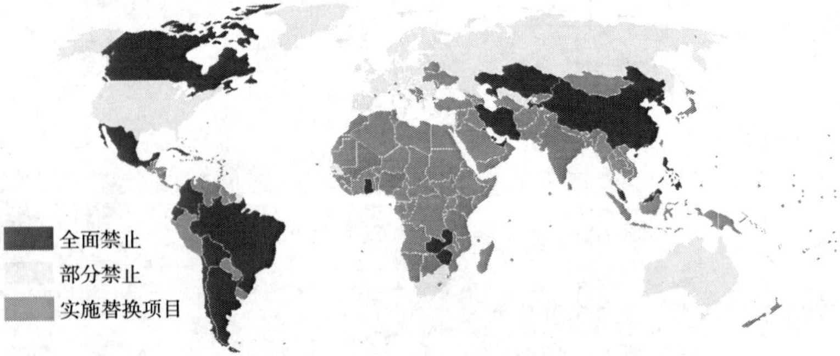

图 2–4　淘汰白炽灯全球地图

（数据来源：En.lighten）

2007 年兴起的淘汰白炽灯运动一开始主要集中在发达国家和部分发展中国家。2009 年联合国环境规划署和全球环境基金启动 En.lighten 项目，主旨是通过政策支持和技术援助，帮助发展中国家和新兴国家制定高效照明发展战略，推动高效照明市场转型，实现 2016 年全球淘汰低能效白炽灯的宏伟目标，其合作伙伴包括澳大利亚工业部、中国国家电光源质量监督检验中心、飞利浦照明和欧司朗。淘汰白炽灯的风潮开始蔓延至更大的发展中国家市场。迄今为止，已经有 66 个国家加入联合国环境规划署高效照明合作伙伴计划，承诺在本国 / 本地区淘汰低能效白炽灯，加快推广高效照明技术，见图 2-5。En.lighten 项目的开展在很大程度上加快了发展中国家高效照明市场的发展，推动了发展中国家照明环境的改善，促进国家节能减排目标的实现。

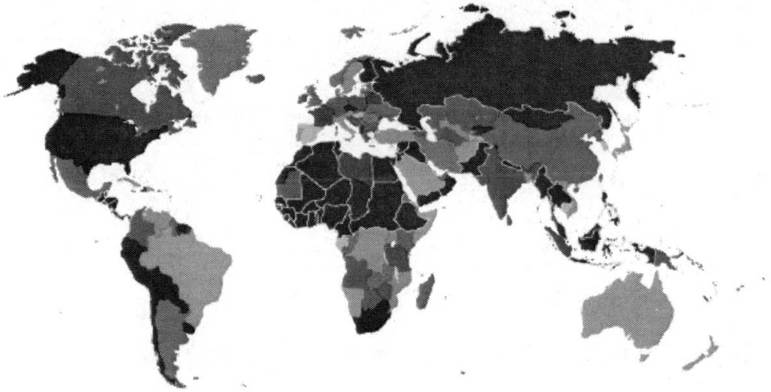

图 2-5　联合国环境规划署高效照明合作伙伴计划的 66 个成员国

（数据来源：En.lighten）

2.2.3 高效照明市场转型

对大多数发展中国家来说，随着经济发展的加快和人口的不断增加，对能源的需求与日俱增。以印度尼西亚为例，它是东南亚最大的能源消费国，占该地区能源需求的36%以上，经济快速发展使得电力的需求急剧增长，2000年到2015年间，印尼的国内生产总值翻番，电力需求增长150%，但能源需求（总的一次能源供应）仅增长了45%，这意味着能源强度提高了33%。其他主要新兴经济体也出现了类似的趋势。而同时期经合组织国家能源强度仅同比增长24%。因此对发展中国家来说，降低能源消耗是当前阶段最主要的目标。

全球白炽灯的使用量仍有几十亿盏。在过去一百多年中白炽灯的技术几乎没有发生太大的变化，这些高耗能的白炽灯在发展中国家还在继续销售和使用。随着高效照明，特别是LED照明技术的兴起，这些国家很容易通过更换LED光源来实现85%的节电，也使得发展中国家和新兴经济体普遍意识到减少电力消耗和碳排放最快捷和便宜的方式之一就是转向替换高效照明产品。

从2010年至今，En.lighten项目一直致力于让更多的发展中国家和新兴国家认识到节能照明是一种快速而经济有效的方式，以确保节能和经济利益并实现减缓气候变化的目标，同时 En.lighten 通过协助各国制定政策、战略、标准和行动，支持 37 个发展中国家和新兴国家制定了国家 / 区域高效照明战略，有 48 个国家开始实施高效照明市场转型行动，见图 2-6。

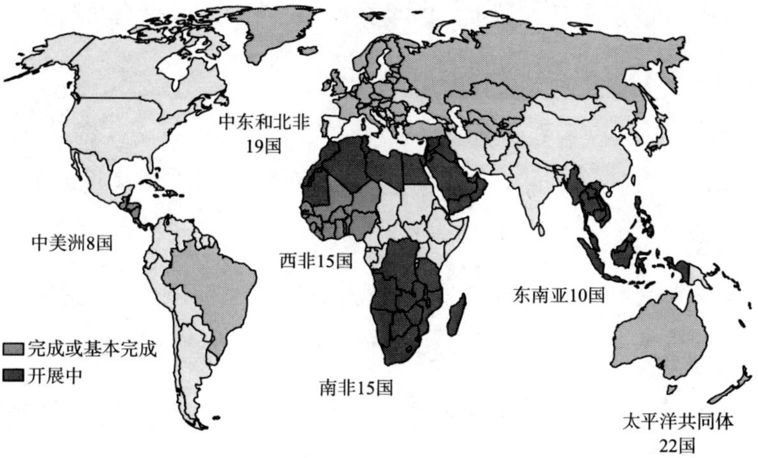

图 2-6　En.lighten 支持的重点区域

（数据来源：En.lighten）

2014 年，联合国环境规划署和全球高效照明技术中心共同组织在北京召开了全球高效照明论坛。在此次论坛中，60 个国家政府代表达成共识，同意加快采用先进照明技术的速度来实现节能减排，采取更大规模的行动推动高效照明的市场转型，改善居民的照明条件，为进一步推动高效照明技术的全球转化确立的目标和方向。全球环境基金主席兼首席执政官 Noako Ishii 说道："同意为确保实现全球高效照明的快速转型而实施相关政策、创建融资工具及加强技术能力建设的国家数量如此之多让我们倍受鼓舞。"全球高效照明论坛的成果建议及行动方案也为实现"人人享有可持续能源"能效目标做出了重要贡献。

En.lighten 对 150 多个国家施行淘汰低能效照明产品、推广高效照明技术的现状，包括颁布相关的法律法规或支持政策、制订标准、开展质量监督核查、推进废旧照明产品的环保处理机制，以及已开展的高效照明项目等的情况进行了研究，见图 2–7。从结果我们不难发现，现阶段在高效照明技术转型上具有比较多和比较先进的措施及行动的国家仍然主要集中在美国、加拿大、欧洲、中国、哥伦比亚和哈萨克斯坦。通过 En.lighten 的协调和努力，拉丁美洲、西非经济共同体和亚洲已经或正在开展相关工作。大部分非洲国家的起点比较晚，措施和行动开展的还相对较少。

总体来说，发展中国家和发达国家在发展高效照明的发展模式和路径上已经出现了分化。大部分发展中国家推广高效照明技术的时间不长，在经济发展过程中，对节能的需求仍然是重中之重。因此更加注重对高效照明技术的普及、推广和应用，开始逐渐建立政策体系、制度框架和质量保证措施。

发达国家在全球高效照明推广的措施上走在了前列，完善法律框架、加强政策和制度建设、依靠科技创新、大力发展标准等，以缓解能源危机的压力，加快节能减排的步伐。近几年来，发达国家在发展高效照明经济中除了关注能耗的降低外，也在增加投入加快新技术研究和跨领域的技术融合，在智能照明、健康照明、植物照明等领域开展前沿研究并推动产业化进程。此外，它们还更加关注对环保课题的研究，如对废旧灯管的回收处理问题。自 LED 照明产品开始成为主流以来，它的优势和好的一面已经广为人知。然而，据 Eucolight（英国灯具回收商）统计，近十年中，LED 灯具仍然只占欧洲废弃物的不到 2%。而未来 10 年内，LED 废弃物将占总量的大约 30% ～ 40%，在这种情况下，LED 废弃物的回收利用将是一个不容忽视的问题。因为 LED 允许在产品制造方式上进行更多的创新，因此在回收利用上，产品的异质性就会带来相对更高的成本代价。如在产品制造中使用的材料就有塑料、玻璃、陶瓷、铝、铜等，不同材料进行黏合时，会使用黏合剂和泡沫，回收后很难用机械工艺进行分离。目前在英国超过 90% 的荧光灯管材料已经回收使用，而 LED 灯具因为设计的原因，这一比例甚至难以达到 50%。

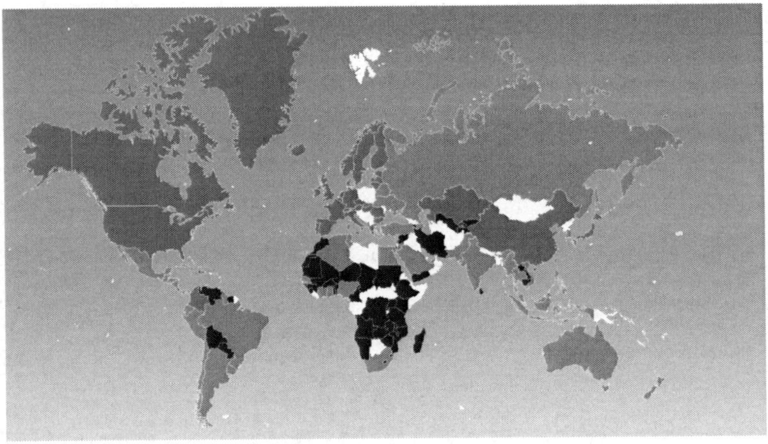

图 2-7　全球照明地图

（注：深灰色表示先进，浅灰色表示有部分措施，黑色表示措施很少或没有，白色表示没有信息。）

当前，全球开展高效照明市场转型的国家已经超过 100 个，尽管发达国家与发展中国家在推广高效照明的进度上和重点上不尽相同，但各国都在积极寻求使用最先进的高效照明技术来推动本国照明对节能减排和可持续发展的贡献。

第 3 章

国际标准对半导体照明产业发展的影响

标准是产业发展和市场竞争的重要支撑，也是引领产业转型升级、培育产业发展新动力的战略基石。从历史发展来看，技术的变革成为不断推动标准化变化的动力，而标准化活动的发展则加速了新技术的产业化和市场应用。

在半导体照明领域，国际标准主要出自三大照明标准化国际组织：IEC、CIE 和 ISO（International Standardization Organization，国际标准化组织）。

IEC 和 CIE 是国际领域的两大主流的照明标准化组织。IEC 主要涉及电器和安全要求的标准化工作，CIE 主要从事照明领域基础和度量程序等工作。ISO 近年来也开始涉及照明领域的标准化工作，ISO 照明标准主要注重在应用领域。

3.1 国际电工委员会

国际电工委员会（IEC）成立于1906年，是世界上最早成立的国际性电工标准化机构，负责有关电气、电子和相关技术领域的国际标准化工作。IEC的宗旨是促进电气、电子工程领域中标准化及有关问题的国际合作，增进国家间的相互了解。其成员一般是国家委员会以及国家委员会指定的专家或代表。到目前为止，IEC的成员国有60个，占世界人口的80%，消耗的电能占全球总消耗量的95%。

IEC现有TC（技术委员会）成员103个，SC（分技术委员会）成员100个。在照明领域，IEC设有两个工作组：TC 34和TC 76。TC 34的标准化工作范围包括一般安全要求和性能要求；TC 76的标准化工作范围包括激光安全性和生物安全性。

IEC TC 34的标准在区域和国家层面得到广泛的采用。

很多国家基本上完全采用，内容上几乎没有修改，如欧盟国家和多数发展中国家。还有一些国家（如美国、中国等）通过标准协调程序等同或修改采用 IEC 标准，尽可能地减少了全球范围内的偏差。

目前，IEC 已经发布的 LED 相关标准有二十多项，涉及 LED 灯、LED 模块、灯座、测试方法等，如表 3–1 所示。

表 3–1　IEC 发布的 LED 照明相关标准一览表

序号	标准号	标准名称
1	IEC 60838–2–2	Miscellaneous lampholders–Part 2–2: Particular requirements–Connectors for LED–modules
2	IEC 60838–2–3	Miscellaneous lampholders–Part 2–2: Particular requirements – Lampholders for double–capped linear LED lamps
3	IEC/TR 61341	Method of measurement of centre beam intensity and beam angle (s) of reflector lamps
4	IEC 61347–2–13	Lamp controlgear–Part 2–13: Particular requirements for d.c. or a.c. supplied electronic controlgear for LED modules
5	IEC 62031	LED modules for general lighting–Safety specifications
6	IEC 62384	DC or AC supplied electronic control gear for LED modules–Performance requirements

续表

序号	标准号	标准名称
7	IEC 62386–207	Digital addressable lighting interface–Part 207: Particular requirements for control gear–LED modules（device type 6）
8	IEC 62442–3	Energy performance of lamp controlgear–Part 3: Controlgear for halogen lamps and LED modules–Method of measurement to determine the efficiency of the controlgear
9	IEC 62471	Photobiological safety of lamps and lamp systems
10	IEC/TR 62471–1	Photobiological safety of lamps and lamp systems–Part 2: Guidance on manufacturing requirements relating to non–laser optical radiation safety
11	IEC 62504	General lighting–Light emitting diode（LED）products and related equipment–Terms and definitions
12	IEC 62560	Self–ballasted LED–lamps for general lighting services by voltage > 50 V–Safety specifications
13	IEC 62612	Self–ballasted LED lamps for general lighting services with supply voltages > 50 V–Performance requirements
14	IEC 62707–1	LED–binning–Part 1: General requirements and white colour grid
15	IEC 62717	LED modules for general lighting–Performance requirements

续表

序号	标准号	标准名称
16	IEC 62722-2-1	Luminaire performance—Part 2-1: Particular requirements for LED Luminaire
17	IEC 62776	Double-capped LED lamps designed to retrofit linear fluorescent lamps-Safety specifications
18	IEC/TR 62778	Application of IEC 62471 for the assessment of blue light hazard to light sources and luminaires
19	IEC 62838	LEDsi lamps for general lighting services with supply voltages not exceeding 50 V a.c. r.m.s. or 120 V ripple free d.c.-Safety specifications
20	IEC/TS 62861	Guidelines for principal component reliability testing for LED light sources and LED luminaires
21	IEC 62922	Organic light emitting diode（OLED）panels for general lighting-Performance requirements
22	IEC 62931	GX16t-5 capped tubular LED lamp-Safety specifications
23	IEC 63013	LED packages-Long-term luminous and radiant flux maintenance projection

（数据来源：IEC）

由于照明领域技术的快速发展，市场不断要求保持现有标准的最新状态，特别是 LED 照明产品的出现彻底打破了 IEC TC 34 的组织构架格局。我们知道，传统 IEC TC 34 下设有4个分技术委员会：TC 34A（灯）、TC 34B（灯头和灯座）、TC 34C（灯用附件）和TC 34D（灯具）。随着LED照明技术的发展和成熟，IEC在照明标准的制订上越来越倾向于对LED的关注，不仅原有的4个工作组的工作范畴将LED照明相关产品纳入，而且相继成立了新的咨询组、新的项目组、新的工作组和特设小组，专门就LED的特定课题进行研究。

- 2008年7月，SC 34A（灯）成立，制订灯和启辉器要求的国际标准，包括LED照明产品；
- 2008年7月，SC 34B（灯头和灯座）成立，制订灯头和灯座的标准，以确保正确接触并兼顾互换性和安全性，包括LED照明产品；
- 2008年7月，SC 34C（灯用附件）成立，制订有关灯的控制装置的国际标准，包括LED照明产品；
- 2008年7月，SC 34D（灯具）成立，制订灯具要求的国际标准；
- 2011年2月，AG 1（主席咨询组）成立，协调和管理TC 34及其他分委会的工作；
- 2012年7月，MT 2（术语）成立，保持TC 34及其分委会的标准中术语和定义的一致性，并就这些标准及相关标准的使用和适用性向技术 TC 及其分委会提供建议；

- 2015 年 12 月，AG 4（照明系统）成立，为 TC 34 中开展照明系统相关工作提供建议，以及与其他标准化组织合作的建议；

- 2016 年 1 月，WG 5（EMX）成立，给 TC 34 及其分委会中有关电磁兼容、电磁场、电源质量和 temporal light artefacts 标准的使用和适用性提供建议；

- 2016 年 1 月，WG 6（光生物安全）成立，制订和维持 IEC 62778，为 TC 34 及其分委会中有关一般光生物安全的标准的使用和适用性提供建议；

- 2016 年 1 月，WG 7（绝缘协调）成立，审议 TC34 及其分委会标注中适用的绝缘配合和电气安全领域的主题，并就如何制订适当的标准向技术委员会提供建议；

- 2016 年 11 月，MT 8（维持 IEC/TR 63027）成立，维持 TC 34 技术报告，详细介绍相控电子开关和可调光 LED 控制装置之间的电气接口；

- 2016 年 12 月，PT 63103（用于照明目的的设备——非主动模式功率测量）成立，制订非活动模式（关闭模式、待机模式和网络待机模式）下耗电量的测量方法，适用于电子照明设备或多功能照明设备；

- 2016 年 12 月，PT 63105（照明系统和相关设备——词汇）成立，制定照明系统和相关设备的术语和定义；
- 2017 年 2 月，AG 9（结构迁移）成立，研究 TC 34 及其分委会的结构迁移，包括识别和提出未来的变化和挑战；
- 2017 年 2 月，PT 63117（照明系统一般要求——安全）成立，制订照明系统一般要求——安全国际标准；
- 2017 年 2 月，PT 63116（照明系统——一般要求）成立，制订照明系统——一般要求国际标准；
- 2017 年 4 月，AHG 10（AHG 同步）成立，分析需要达到第 1 部分 / 第 2 部分标准的同步和一致维护周期，在所有部分之间统一规范性文件、技术要求、术语等；
- 2017 年 9 月，AG 12（LED 产品的互动）成立，为 TC 提供 LED 标准方面的建议；
- 2017 年 12 月，AG 13（IEC 采用 Zhaga 出版物）成立，管理 IEC 出版物中采用的 Zhaga 书籍。

从 IEC 的构架格局（见图 3–1）的变化来看，有两个现象最为明显。一是照明系统这一概念的提出。由于 LED 照明产品本身构造的优越性，照明产品不再仅限于以光源和灯具的形式出现，而可以集成化、系统化、智能化于一体，为

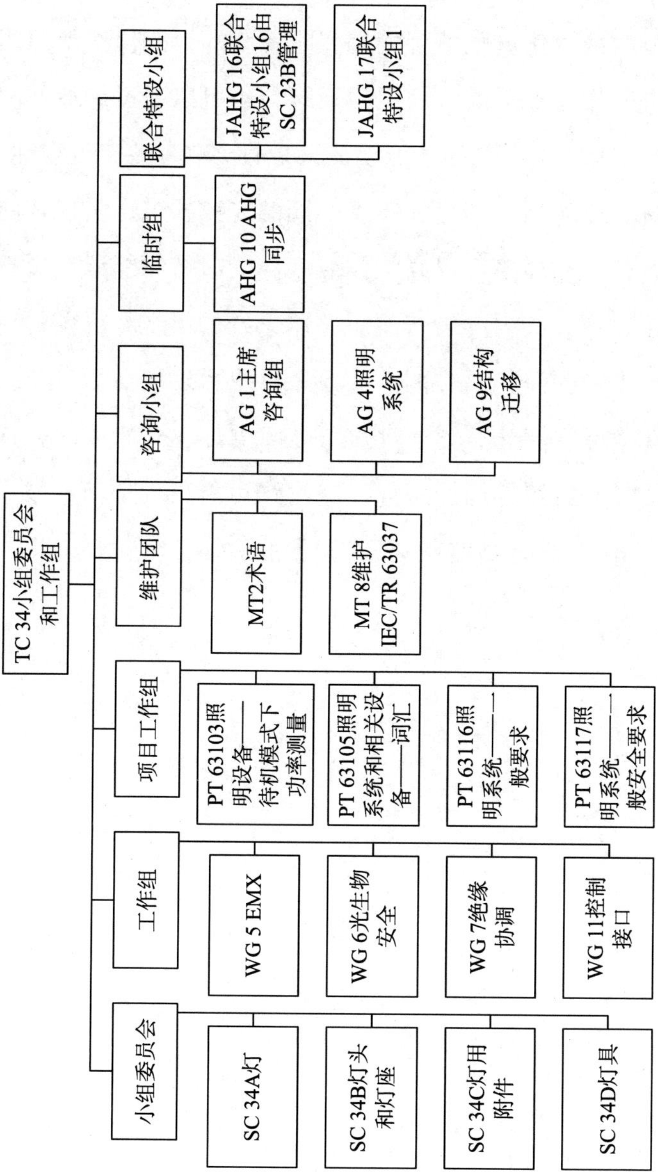

图 3-1　IEC TC34 的组织结构

（数据来源：IEC）

实现节能的最大化提供了可能。照明系统的标准化使得照明系统既可以作为一个单独的照明系统，也可以通过局域网和远程网络工作，大大增加了照明的开放性、兼容性和可靠性。同时通过智能控制，满足和实现不同的光照要求，实现智能管理，改善工作环境，提高工作效率，同时节约能源，延长照明使用寿命，减少维护费用。照明系统的出现，也使得原有的 IEC 构架不能完全适用于现有的技术发展，因此 IEC 的结构出现了新的方向，而 IEC TC34 内部也开始了对未来 IEC TC 34 的组织架构的研究，对将来可能出现的新的技术变化和标准化方向提前布局，以便更好地引导产业未来的发展。

3.2 国际照明委员会

CIE是由国际照明工程领域中光源制造、照明设计和光辐射计量测试机构组成的非政府间多学科的世界性学术组织，其前身是1900年成立的IPC（International Photometric Commission，国际光度委员会），总部设在奥地利维也纳。

CIE是一个非营利性的国际标准化组织，以制定照明领域的基础标准和度量程序，提供制订照明领域国际标准与国家标准的原则和程序指南，制订并出版照明领域科技标准和技术报告以及其他相关出版物，提供国家间进行照明领域有关论题讨论的论坛、与其他国际标准化组织就照明领域有关问题保持联系与技术上的合作为宗旨。CIE下设有视觉与色彩、光宇辐射的物理测量、内部环境与照明设计、交通照明与标志、外部照明与其他应用、光生物学与光化学以及图像技术7个分部。其中与LED照明相关的研究工作如表 3–2 所示。

表 3–2　CIE 对 LED 照明相关研究工作

技术委员会	相关研究（或产出）	说明
TC1–62	CIE 177 白光 LED 光源的显色性	对目前 CIE 显色指数体系对于白光 LED 的适用性进行评估
Division 2	CIE S 025 LED 灯、LED 模块和 LED 灯具的测量方法	LED 灯、LED 模块和 LED 灯具（LED 器件）的光度和色度测量方法
Division 2	CIE S 027–SP1 国际照明术语——补充 1：LED 和 LED 附件——术语和定义	本标准是 CIE S017 的补充内容，概括了 CIE 文件中使用的无机半导体照明领域最重要的术语和定义
TC2–34/35	CIE 127 LED 的测量	描述了平均 LED 强度、总的和部分 LED 光通量以及光谱功率分布的测量条件
TC2–50	LED 组件的光学特性测量	LED 组件光学特性测量的技术报告
TC2–63	CIE 225 大功率 LED 的光学测试	规定了大功率 LED 在直流电和脉冲模式、特定结温下的光学测量方法
TC2–64	CIE 227 LED 的快速测试方法	侧重于 LED 的生产过程中以及将数值转换成直流电操作条件（包括相关时间函数）时，电、热以及光学量的快速测试方法

续表

技术委员会	相关研究（或产出）	说明
TC2–72	测量固态照明器件（包括彩色 LED）光学特性中不确定度的评估	补充 CIE 198–2011 的内容，包括 LED 和其他固态照明设备测量和测试相关的不确定性的评估的更多原理和实例
TC2–75	弯曲和柔性 OLED 和 LED 光源的光度测定	关于弯曲和柔性光源（特别是 OLED 和 LED）的光度和色度表征方法的建议，包括溯源性
TC2–76	交流驱动 LED 照明产品的特征	准备交流驱动 LED 产品特征量测量的技术报告，包括操作条件和关注受闪烁效应影响的光度量
TC2–84	LED 封装测试数据报告的推荐	关于包含在 LED 封装测试数据表中的光输出特性、电特性和热性能的最小一致性测试数据的推荐
TC3–50	CIE 205 LED 照明系统室内照明质量测量的审查	审查 CIE 有关出版物和标准，编写一份技术报告，其中将包括新的审查和评价照明质量的措施和方法的建议结果，以及如果没有合适的质量方法和评价方法，对新研究提出建议
TC4–47	LED 在交通信号和照明中的应用	包括 LED 信号和照明的视觉特征的研究结果

续表

技术委员会	相关研究（或产出）	说明
Division 6	CIE S 009 灯和灯系统的光生物安全要求	与 IEC 合作完成
JTC13（D4/D3）	照明系统的折旧和维护	修改 CIE 97:2005 和 CIE 154:2003

（数据来源：CIE）

光一般被视为刺激视觉的电磁辐射，但是人眼看到的光，不仅是眼睛本身的感受，还对人体的生理、情绪和行为有很大的影响，这些我们通常称之为光的非视觉效应。CIE 的第六分部就是专门研究光对人和生物健康影响的分部。目前，CIE 第六分部针对光对人眼视网膜、皮肤损伤、照明的健康影响以及植物的光和作用效应开展了一系列研究，2002 年发布了 CIE S 009《灯和灯系统的光生物安全性》，从生理角度和过度辐射带来的眼睛损伤角度研究了评估 LED 灯的光生物安全的不同方法。2004 年发布了 CIE 158《人眼照明对人类生理和行为的影响》，提出了名为黑视素或内在光敏视网膜神经节细胞（ipRGC）的新的光感受器。为了进一步指导未来使用光的非视觉效应对人的健康的影响，CIE 发表了两份科学研究报告：技术说明 CIE DR 6–42（TN 003）《如何测量与非视觉效果相关的光》和技术报告 CIE TC 3-46《确定合适的光》。前者给出了 ipRGC 光感受器的作用范围和定量刺激人类光感受系统非视觉输入的策略达成的科学共识，认识到所有感光器之间的相互作用。后者得出的结论是，非视觉效应受中枢神经中复杂的信号处理的影响，并受到光感受单位尚未解决的相互作用的影响，可能会对我们的生物钟、警觉性、睡眠等产生影响。对于光刺激和由此产生的非视觉响应之间的输入—输出特性的理解似乎使得不太可能实现特定效果的光应用。另一方面，实验室和应用研究中的观察结果表明，尽管该领域的研究还“不成熟”，但根据如何将基础科学发现转化为照明设计规范的想法而开发的照明系统，会对人类健康产生有益的影响。CIE TC 3-46 中的健康室内照明应用的研究路线图侧重分析了当前知识中的差距，以便能够安全使用光，包括非视觉响应。

健康舒适性的客观测量指标，已成为全球照明产业界最关注的问题。目前的共识是，光照刺激的非视觉作用取决于光照的光谱、强度、持续时长、时相和时间模式等因素。光是日常环境中很重要的一部分，它使我们能看到这个世界从而与这个世界互动。而光的“看不见”效应对人类行为的影响却常被忽视。这些非视觉效应对我们的生理机能、内分泌系统和行为系统都有调节作用，使我们能够在 24 小时内进行“睡眠——清醒”的循环，这就是大家所知的“昼夜节律”。由于人们长期生活在大量的人工光环境中，因此迫切需要对光环境进行调控，促进身体健康，避免伤害。这也是 CIE 在照明领域，特别是 LED 照明技术出现后，研究的重点领域，而非视觉照明也日益成为 LED 照明中新的发展方向。

3.3　国际标准化组织

ISO 是世界上最大的非政府性标准化专门机构，也是国际标准化领域中一个十分重要的组织，总部设在瑞士日内瓦，成员包括 162 个会员国。ISO 负责目前绝大部分领域的标准化活动。ISO 的宗旨是：在世界范围内促进标准化工作的发展，以利于国际物资交流和互助，并扩大知识、科学、技术和经济方面的合作。其主要任务是：制订国际标准，协调世界范围内的标准化工作，与其他国际性组织合作研究有关标准化问题。

LED 技术出现后，为了与 CIE 工作互补，2012 年 ISO 成立了 TC 274，主要开展照明应用领域的标准化工作，以及协调 CIE 视觉、光度和色度学的标准草案，包括自然和人造紫外辐射、可见光和红外光谱，室内和室外照明应用、环境、非视觉光生物和健康影响的能源表现等。

ISO TC 274[1] 目前正在研究的照明相关标准包括：

- ISO/CIE DIS 20086 光与照明——建筑物照明的能源性能（Light and lighting – Energy performance of lighting in buildings）；
- ISO/WD TR 21783 光与照明——综合照明——非视觉效应（Light and lighting – Integrative lighting – Non-visual effects）；
- ISO/CIE WD TS 22012 光与照明——维持因子的确定——工作方式（Light and lighting – Maintenance factor determination – Way of working）。

标准的制订归根结底是为了服务产业，促进产业的良性竞争。而产业的长期积极稳定的发展，必然少不了不断完善标准。在半导体照明产业发展之初，不少企业往往只关注初始光效，或者只关注某个器件的寿命，没有考虑到其他配套材料，尤其是电源和驱动，或者以次充好，打价格战，导致一段时间内市场混乱，不仅半导体照明产品的优势没有发挥

[1] 资料来源：Business Plan，ISO/TC 274 Light and lighting.

出来，反而由于失败的体验，使得用户丧失对新产品和新技术的信心。近年来，随着照明标准逐渐转向半导体照明方向，半导体照明产业在标准的规范和引导下进入了健康有序平稳的发展阶段。

第 4 章

世界主要国家（地区）半导体照明产业发展情况

4.1　美　国

为了减少照明电力的能源消耗，缓解能源危机，自 2000 年起，美国能源部努力推动半导体照明技术研发和应用，总计投资 3.5 亿美元，资助了 250 多个半导体照明研发项目，获得 260 多项专利。迄今为止，这些研发技术和产品节省了超过 28 亿美元的能源消耗，显现出显著的节能回报。奥巴马的“美国能源新政”把发展新能源和可再生能源、提高能源使用效能、推动能源结构的调整作为促进美国经济复苏和创造就业最重要的举措。半导体照明技术被认为是能源应用领域中重要的技术创新之一，在美国能源结构的转型中发挥了重要作用。

4.1.1　半导体照明政策

2002 年，美国联邦政府启动了 NGLI（Next Generation

Lighting Initiative，下一代照明）计划，该计划由美国能源部资助，共有 12 个国家重点实验室、公司和大学参加。美国分别于 2005 年发布《能源政策法》、2007 年发布《能源独立和安全法》，以执行 NGLI 计划，支持先进的半导体照明技术的研发和应用。为响应 2005 年《能源政策法》第 912 条，美国能源部制订了全面的固态照明（SSL）研发计划，与照明工业和研究机构建立了合作关系，指导半导体技术的革新。SSL 研发计划重点支持 LED 照明的研究和开发，为保持美国的产品技术、体制和服务在这个领域的全球领先地位提供了机遇，使美国能够拥有更多的自主知识产权，为美国提供高技术附加值的就业机会，提高经济增长率。其具体目标是：到 2025 年，先进的固态照明技术将产品系统效率提高 50%，并实现更节能、更持久和更具成本竞争力、更接近于太阳光谱可见光组分的照明。美国能源部 SSL 研发计划支持的重点在于：

• 核心技术研究——应用研究，包括专注于对新知识或对正在研究课题的科学研究，以及它们在具体 SSL 技术上的应用。核心技术研究旨在展示科学原理，技术应用和应用优势。

• 产品开发——使用基础和应用研究概念开发商业上可行的最先进的 SSL 材料、器件或灯具。

- 制造研发——研究开发先进的制造方法，降低 SSL 光源和灯具的成本，提高产品的一致性和质量，促进和支持美国制造业的发展。

- 应用技术研发——监测 SSL 技术进步，提供现场和实验室评估，为新兴产品和系统的推广使用消除障碍。

SSL 发展战略措施主要是鼓励美国能源部与 LED 产业界与行业协会之间建立和保持长远合作关系，重点支持 LED 研发活动的各个重要环节协调发展，以引导 LED 技术从实验室走向市场。比如，美国能源部通过与 NGLIA（下一代照明产业联盟）的合作，增强了 LED 产品的制造和商业化重点，通过与 IES（北美照明工程学会）和 IALD（国际照明设计师协会）的合作，提供专业设计师和专业技术信息。美国能源部 SSL 研发计划已经深入参与半导体研发十多年，帮助扶持美国在 LED 照明领域站稳全球 LED 产业的领导者地位。美国投入的时间、资金、人力和机构数量都是其他国家和组织所无法比拟的，更重要的是，美国已经将发展 LED 照明技术提升到国家战略的高度。美国能源部实施 NGLl 计划和 SSL 研发计划的根本目的，就是以国家的力量来确保美国企业能在下一代照明技术领域保持强大的竞争力，从而实现未来的战略利益，使美国始终保持全球领先地位。

为了充分利用 SSL 研发计划项目的研究成果，提高这些项目投资回报的商业成功率，最大限度地节约能源，美国能源部于 2007 年发布了支持半导体照明商业化的五年计划（Five Year SSL Commercialization Support Plan），为美国能源部推广高性能的 LED 通用照明产品提供战略指导。通过与市场相关各方的合作，美国能源部开展了一系列的活动，包括 CALiPER（Commercially Available LED Product Evaluation and Reporting）测试、Gateway 示范评估、Energy Star（能源之星）认证、启动政府采购计划、组织 L Prize（照明系统设计竞赛）、鼓励制造商生产高质量节能的产品投放市场、支持 LED 产品测试程序和标准的开发和宣传等，一方面引导消费者购买最高性能的 LED 产品，加速 LED 产品的市场推广，同时支持 LED 产品的应用，实现节能效益最大化。

为了规范市场产品质量，美国能源部组织实施了 CALiPER 项目，截至 2018 年 6 月已经进行了 22 轮测试，主要是不定期地从市场上随机购买 LED 照明产品，与其标识进行对照检验，并将结果公之于众。CALiPER 项目的运作是目前美国 SSL 计划推进的一大亮点。

为了评估半导体照明产品的应用效果，美国能源部实施了 Gateway 评估。通过对高性能半导体照明产品进行现场评估，收集现场安装的数据，包括能源消耗、颜色特征、安装前后的光输出变化等性能属性以及使用和维护情况等，来评估 LED 照明产品真正的应用表现，推动半导体照明技术产品设计和应用的持续发展。

4.1.2　半导体照明市场

截至 2016 年底，美国累计安装 8.74 亿个 LED 照明产品，占总照明产品安装量的 12.6%。其中 94% 用于室内，主要为 A 型灯，如图 4-1 所示。

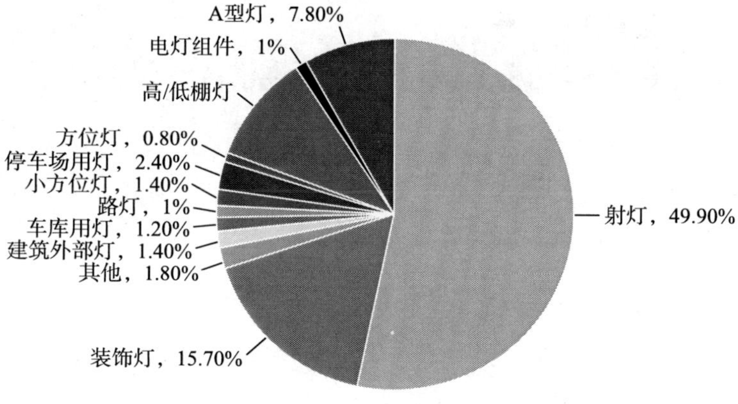

图 4-1　2016 年 LED 照明应用安装分类

（数据来源：美国能源部）

美国能源部的研究显示，2035 年美国 LED 的安装量预计占总照明产品安装量达到 86%。如果美国能源部和工业界对 SSL 项目持续投资，那么到 2035 年美国照明用电量将比无 SSL 的情形下减少 55%。而如果执行更高要求的 SSL 研发计划，到 2035 年用电量将减少至 75%，这几乎相当于 4500 万户美国家庭一样消耗的电量，见图 4-2、图 4-3。

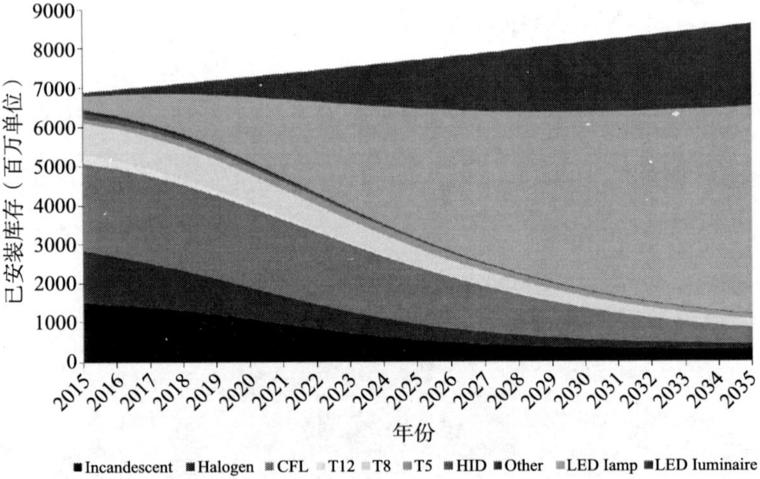

图 4-2　现有 SSL 发展模式下安装量的预测

（数据来源：美国能源部）

表 4-1 是美国 2014 年、2020 年和 2030 年 LED 普通照明应用中的市场份额预测。可从这些数据中得出以下观察结果：LED 在户外行业的市场渗透率远远高于室内行业，但是

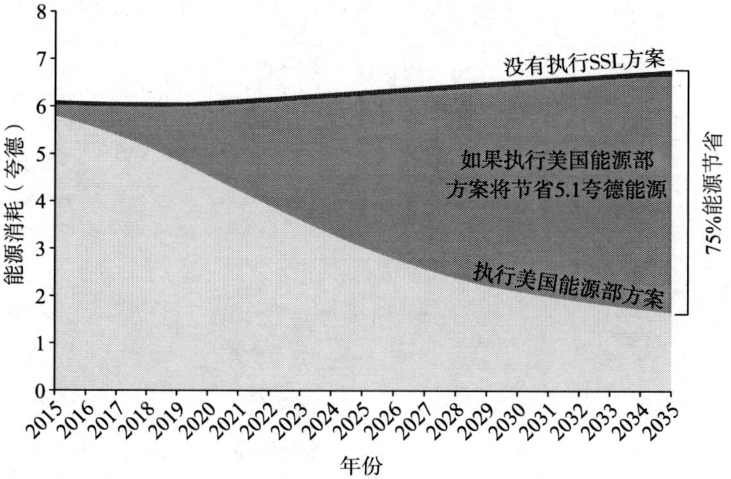

图 4-3　美国能源部 SSL 项目节能目标的预测（2015—2035 年）

（数据来源：美国能源部）

差距随时间的推移而下降。2014 年 LED 照明市场渗透率最高的是街道和道路市场，为 21%。到 2020 年预计该市场将达到 83% 的市场份额，到 2030 年将达到近 100%。停车场在户外市场的市场份额最小，为 8%，但仍高于室内市场。射灯市场在室内市场占有最高的市场份额，为 6%，部分原因是 MR16 替换灯的早期成功。预测显示，到 2020 年，LED 照明产品将占所有照明产品出货量的近一半，到 2030 年这一比例将达到 84%。

表 4–1 LED 普通照明应用中的市场份额预测

应 用	2014	2020	2030
普通照明	4%	55%	>99%
射灯	6%	26%	74%
装饰灯	1%	31%	94%
低 / 高棚灯	4%	44%	83%
灯管	3%	36%	73%
室内灯总计	3%	42%	81%
路灯 / 街灯	21%	83%	99%
停车场照明	12%	74%	99%
车库照明	8%	67%	>99%
建筑物照明	11%	71%	99%
户外灯总计	14%	75%	99%
总计	6%	48%	84%

4.1.3 半导体照明标准

在半导体照明标准制订方面，美国一直居于世界领先地位，其标准体系工作主要包括 SSL 研发计划下的 IESNA（Illuminating Engineering Society of North America，北美照明工程学会）标准、ANSI（American National Standards Institute，美国国家标准学会）标准，以及美国能源之星技术规范。

北美照明工程学会成立于 1906 年，学会标准化工作由所属 80 多个技术委员会和分技术委员会负责。IESNA 制订的主要标准包括设计指南、实践和标准、能源管理、照明测量试验和计算指南等。

1918 年，ASTM（美国材料试验协会）、与 ASME（美国机械工程师协会）、ASMME（美国矿业与冶金工程师协会）、ASCE（美国土木工程师协会）、AIEE（美国电气工程师协会）等组织共同成立了 AESC（美国工程标准委员会）。美国政府的三个部门（商务部、陆军部、海军部）也参与了该委员会的筹备工作。1928 年，AESC 改组为 ASA（美国标准协会），1966 年 8 月，又改组为 USASI（美利坚合众国标准学会），1969 年 10 月 6 日改成现名：ANSI（美国国家标准学会）。ANSI 本身很少制订标准，ANSI 标准的编制，主要采取以下三种方式：

一是，由有关单位负责草拟，邀请专家或专业团体投票，将结果报 ANSI 设立的标准评审会审议批准。此方法被称为投票调查法。

二是由 ANSI 的技术委员会和其他机构组织的委员会的代表拟订标准草案，全体委员投票表决，最后由标准评审会审核批准。此方法被称为委员会法。

三是，从各专业学会、协会团体制订的标准中，将其较成熟的，并且对于全国普遍具有重要意义者，经 ANSI 各技术委员会审核后，提升为国家标准（ANSI）并冠以 ANSI 标准代号及分类号，但同时保留原专业标准代号。

ANSI 的标准是自愿采用的。美国认为，强制性标准可能限制生产率的提高。但被法律引用和政府部门制订的标准，一般属强制性标准。

美国已制订出台的半导体照明技术标准清单见表 4-2。

能源之星，是美国能源部和美国环保署共同推行的一项政府计划，旨在更好地保护生存环境，节约能源。1992 年由美国环保署参与，最早在电脑产品上推广。该计划为自愿执行，能源之星标准通常比美国联邦标准节能 20% ～ 30%。现在纳入此认证范围的产品已达 30 多类，如家用电器、照明产品等。全球共有七个国家和地区参与美国环保署推动的能源之星计划，分别为美国、加拿大、日本、台湾、澳大利亚、新西兰、欧盟，并自 2001 年起每年召开一次国际能源之星计划会议。EPA（Environmental Protection Agency，美国环保署）和美国能源部 2010 年 4 月 14 日联合宣布调整“能源之星”产品的认证过程，以确保只有符合要求的产品才能获准得到“能源之星”标签。

表 4–2　美国半导体照明相关标准一览表

序号	标准号	标准名称
1	IESNA TM–16	Technical Memorandum on Light Emitting Diode（LED）Sources and Systems
2	IESNA TM–21	Projecting Long Term Lumen Maintenance of LED Light Sources
3	IESNA LM–28	Projecting Long–Term Luminous Flux Maintenance of LED Lamps and Luminaires
4	IESNA LM–79	Method for the Electrical and Photometric Measurements of Solid–State Lighting Products
5	IESNA LM–80	Method for Measuring Lumen Depreciation of LED Light Sources
6	IESNA LM–82	Characterization of LED Lighting Engines and LED Lamp for Electrical and Photometric Properties as a Function of Temperature
7	IESNA LM–84	Measuring Luminous Flux and Color Maintenance of LED Lamps, Light Engines, and Luminaires
8	IESNA LM–85	Method of Electrical and Photometric Measurements of High–Power LEDs

续表

序号	标准号	标准名称
9	ANSI C78.377	Specifications for the Chromaticity of Solid State Lighting Products
10	ANSI C78.5	Electric Lamps –Assigned LED Lamp Codes
11	ANSI/ UL8750	Standard for Light Emitting Diode（LED）Equipment for Use in Lighting Products
12	ENERGY STAR	ENERGY STAR Program Requirements Product Specification for Lamps（Light Bulbs）Eligibility Criteria Version 2.0
13	ENERGY STAR	ENERGY STAR Program Requirements Product Specification for Luminaires（Light Fixtures）Eligibility Criteria Version 2.0

（数据来源：IES、ANSI、STAR）

4.2 欧　盟

4.2.1 半导体照明政策

由于欧洲人的环保和节能意识比较强，对采用环保产品的接受度较高，加之欧盟最早提出的淘汰白炽灯的相关法律已经开始实施，因此从全球范围看，欧洲市场在半导体照明方面的应用普及和推广率是较高的。

2000 年，欧盟推出“彩虹计划”，以补贴形式推广半导体照明的应用。2014 年正式启动实施“地平线 2020 计划”，整合欧盟各国科研资源，提高科研效率，促进科技创新，推动经济增长和增加就业，以落实欧洲 2020 战略，半导体照明也被涵盖其中，光电子领域的投入将达到 7 亿欧元。

2015 年 12 月 5 日，“照亮欧洲”组织在布鲁塞尔成立，将取代欧洲照明行业的原有的两个组织：ELC（欧洲灯泡制造商联盟）和CELMA（欧洲灯具协会），成为代表欧洲照明工业新的声音。2016年3月“照亮欧洲”发布《2025战略路线图》（其主要内容见表4-3）给欧盟市场和机构提出了清晰的照明工业发展方向：智能照明系统，循环经济，以人为本的照明和LEDification，如图4-4所示。

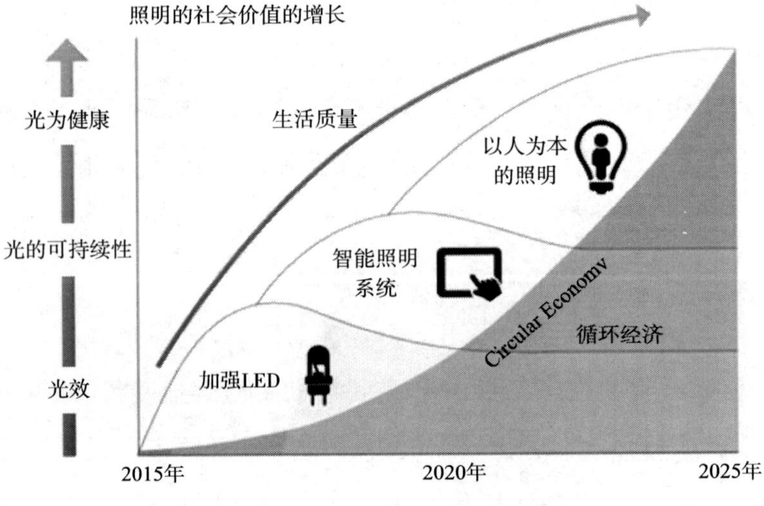

图4-4　欧盟2025战略路线图

（数据来源：欧盟照协）

表 4–3 《2025 战略路线图》的四项主要内容

工作	主要内容
智能照明系统	通过智能、控制、传感和调光发展智能照明系统，其目标是： • 照明系统必须处于领先地位； • 用户通过 LED 智能照明系统获得更高质量的照明； • 通过照明设计将照明接入建筑管理系统和智能城市网络，优化照明质量。
循环经济	进一步减少照明工业的生态足迹： • 向欧盟委员会汇报，与利益相关方建立战略合作伙伴关系，以确定政策领域后续的行动步骤； • 将翻新、再制造、再利用、再分配等作为循环经济的元素； • 延长 LED 照明系统的使用时间，实现可修复性，可升级性，可维护性，耐久性和回收利用。
以人为本的照明	将作为照亮欧洲的基本驱动器： • 加强用户对以人为本的照明的认识； • 从纯粹的“能效思维”转向“用户利益思维”，满足用户个性化的照明需求； • 与利益相关方合作，落实以人为本的照明，造福于欧洲民众、社会和工业。
加强 LED	2017 年开始实施的重要活动包括： • 制订《单一照明条例》，取代 3 项现行法规； • 根据目前运行的 ENER LOT37 项目研究，设定照明系统的能源使用需求； • 能效指令和建筑能效指令（EPBD）。

（数据来源：欧盟照协）

4.2.2 半导体照明市场

以人为本的照明将成为欧洲最重要的照明市场。依据保守增长的计算，预计以人为本的照明在2020年将达到14亿欧元（见图4–5），占欧洲一般照明市场的7%左右，占高端照明市场的20%～25%。在以人为本的照明市场中，生物有效性的照明将占据65%的市场份额。

根据LEDinside统计，2018年欧洲整体照明市场规模达到162亿美元。到2020年，西欧和中欧将成为最大市场，占欧洲市场的75%以上。其次是北欧，南欧，然后是东欧。西欧和中欧是欧洲最大的市场区域，其实力是建立在德国、法国和英国等国家较大的建筑面积和经济实力基础上的。因此，这些地区对以人为本的照明的接受程度、政府支持力度和价格都将比东欧和南欧高。而北欧的市场渗透率最高（见图4–5）。这是因为北欧国家如瑞典冬季日照时间短，对照明的需求更大。

4.2.3 半导体照明标准

欧盟的标准体系与IEC标准体系非常相似。由于欧盟标

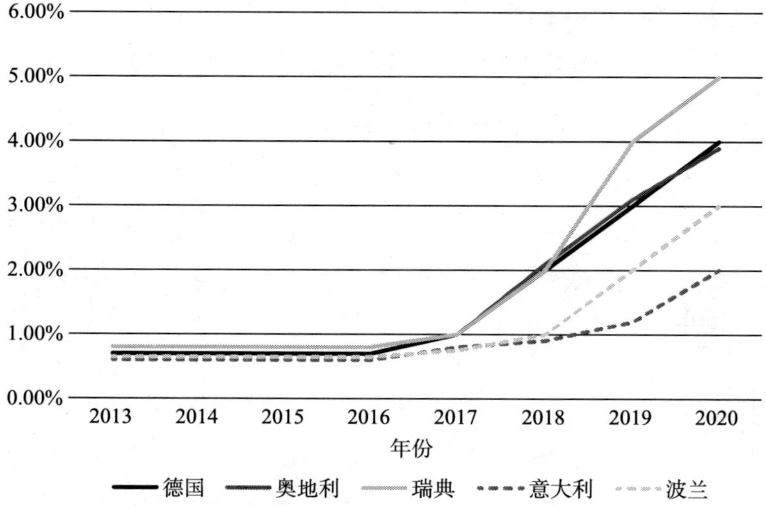

图 4-5　以人为本的照明在不同国家的市场渗透率

（数据来源：A.T. Kearney Human Centric Lighting Market Model）

准多由大型照明企业（如飞利浦照明、欧司朗）之间的博弈而定，而这些大型照明企业长期参与 IEC 标准技术委员会工作，在传统照明领域一直占据标准优势，因此它们对 IEC 标准的制订也有较大影响。

欧盟半导体照明产品标准 EN 系列多由 IEC 标准转化而来。同时在欧盟内部，也会发布各类法规等以规范市场。欧洲已制订出台的半导体照明相关标准清单见表 4–4。

欧盟法规的形式分为：Regulations（规章）、Directivies（指

令）、Decisions（决定）、Recommendations and advice（建议和意见）。其中指令通常由欧洲议会和欧洲理事会联合对所有成员国发布，是技术性法规，是强制性的，如与半导体照明产品相关的 ErP 指令、RoHS 指令、WEEE 指令等。

表 4-4　欧洲半导体照明相关标准一览表（已发布）

序号	标准号	标准名称
1	EN 62031	LED models for general lighting – Safety specification
2	EN 60838-2-2	Miscellaneous lampholders Part 2-2: Particular requirements – Connectors for LED modules
3	EN 61347-1	Lamp control gear – Part 1 General and safety requirement
4	EN 61347-2-13	Lamp control gear – Part 2-13: Particular requirements for d. c. or a. c. supplied electronic control gear for LED modules
5	EN 62471	Photobiological safety of lamps and lamp systems
6	EN 62493	Assessment of lighting equipment ralated to human Exposure to electromagnetic fields
7	EN 60598-1	Luminaires – Part 1: General requirements and tests
8	EN 60598-2	Luminaires–Part 2: Particular requirements

续表

序号	标准号	标准名称
9	2009/125/EC	The Energy-related Products Directive（ErP2009/244/EC）
10	2009/244/EC	Ecodesign requirements for non-directional household lamps
11	2012/874/EU	Energy labelling of general lighting lamps
12	2002/95/EC	RoHS Directive
13	2002/96/EC	WEEE Directive
14	2014/30/EU	EMC Directive

4.3 中 国

中国是全球半导体照明最大的生产基地，供应全球 80% 以上的产品。中国 LED 产业起步于 20 世纪 70 年代，发展迅速。在政府的大力扶持下，经过三十多年的发展，已经初步形成了外延片、芯片、封装及产品应用完成产业链，成为全球照明产业变革中转型升级发展最快的地区之一。

4.3.1 半导体照明政策

进入 21 世纪以来，中国 LED 产业已步入快速发展阶段，上游的外延和芯片技术不断进步，产能发展迅速，开始进入中高端应用领域，中游的器件和封装产品结构明显改善，下游应用产品蓬勃发展。中国 LED 产业已经形成了完整的产业链，初步形成了珠江三角洲、长江三角洲、北方地区、福建江西地区等四大区域。

当前，中国 LED 产业发展面临良好的政策环境，政府出台了一系列鼓励引导政策，见表 4–5。2017 年 7 月，国家发展改革委等部委联合发布了《半导体照明产业“十三五”发展规划》，提出到 2020 年，形成 1 家以上销售额突破 100 亿元的 LED 照明企业，培育 1 ～ 2 个国际知名品牌，10 个左右国内知名品牌，产品质量不断提高，产品结构持续优化，产业规模稳步扩大，应用领域不断拓宽，市场环境更加规范，为从半导体照明产业大国发展为半导体照明产业强国奠定坚实基础。引导产品由注重发光效率提升转向多种光电指标共同改善和增强，提升 LED 产品的光质量和光品质，营造更加安全、舒适、高效、节能的照明环境。加强 LED 照明产品自动化生产装备的研发和推广应用，提高产品生产效率和质量。推动智慧照明、新兴应用等技术集成与应用示范。鼓励企业对标国际同类先进企业，加强跨界融合、协同创新，推动产业迈向中高端。引导企业参加各类国际标准组织和国际标准制修订工作。鼓励企业加强国际专利部署。推动系统集成发展，加强半导体照明产业跨界融合。推进半导体照明产业与互联网的深度融合，促进智慧照明产品研发和产业化，支撑智慧城市、智慧社区、智慧家居建设。推动半导体照明与装备制造、建材、文化、金融、电子、通信行业深度融合，在技术研发、示范应用、标准制订等方面协调发展，提升产品附加值，推动半导体照明产业向高端应用升级。实施能效“领跑者”引领行动。

表 4–5　中国 LED 照明产业发展相关政策

年　份	发布部门	政　　策
2006 年	国务院	《国家中长期科学和技术发展规划纲要》（2006—2020 年）
2006 年	住建部	《“十一五”城市绿色照明工程规划纲要》
2007 年	国务院	《节能减排综合性工作方案》
2007 年	国务院办公厅	《关于建立政府强制采购节能产品制度的通知》
2008 年	财政部、国家发展改革委	《高效照明产品推广财政补贴资金管理暂行办法》
2009 年	国务院办公厅	《电子信息产业调整振兴规划》
2009 年	科技部	《“十城万盏”半导体照明应用工程试点》
2009 年	国家发展改革委、科技部、工信部、财政部、住建部、国家质检总局	《半导体照明节能产业发展意见》

续表

年　份	发布部门	政　　策
2010 年	国务院	《国务院关于加快培育和发展战略性新兴产业的决定》
2011 年	科技部	《国家“十二五”科学和技术发展规划》
2011 年	国家发展改革委、商务部、海关总署、国家工商总局、国家质检总局	《关于逐步禁止进口和销售普通照明白炽灯的公告》
2012 年	国务院	《“十二五”节能环保产业发展规划》
2012 年	科技部	《半导体照明科技发展“十二五”专项规划》
2013 年	国家发展改革委、科技部、工信部、财政部、住建部、国家质检总局	《半导体照明节能产业规划》
2013 年	国务院	《关于加快发展节能环保产业的意见》
2013 年	国家发展改革委	《关于加大工作力度确保实现 2013 年节能减排目标任务的通知》
2014 年	科技部、工信部	《2014—2015 年节能减排科技专项行动方案》
2014 年	国务院	《2014—2015 年节能减排低碳发展行动方案》

续表

年　份	发布部门	政　　策
2015 年	国家发展改革委、财政部、工信部、国管局、国家能源局、国家质检总局、国家标准委	《能效“领跑者”制度实施方案》
2017 年	国家发展改革委等 13 部委	《半导体照明产业“十三五”发展规划》

4.3.2　半导体照明市场

图 4–6 给出了 2010—2017 年中国 LED 行业市场规模走势。图 4–7 给出了 2010—2018 年中国半导体照明产业各环节产业规模。图 4–8 给出了 2010—2017 年中国半导体照明市场渗透率的变化。

2017 年，中国 LED 产业整体产值达到 6,216 亿元，较 2016 年同比增长 22.8%。LED 照明产品的市场渗透率达到 42%，同比增长 10%。其中 LED 通用照明仍然是市场发展的最主要推动力。2016 年中国 LED 照明产品产量约 80 亿只，

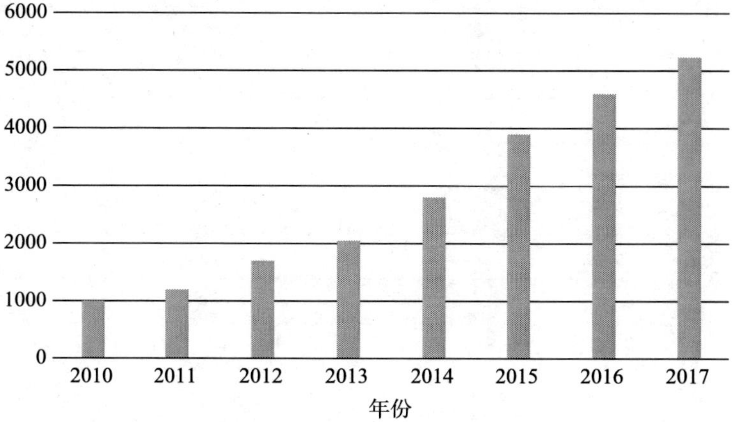

图 4-6　2010—2017 年中国 LED 行业市场规模走势图（亿元）

（资料来源：前瞻产业研究院整理）

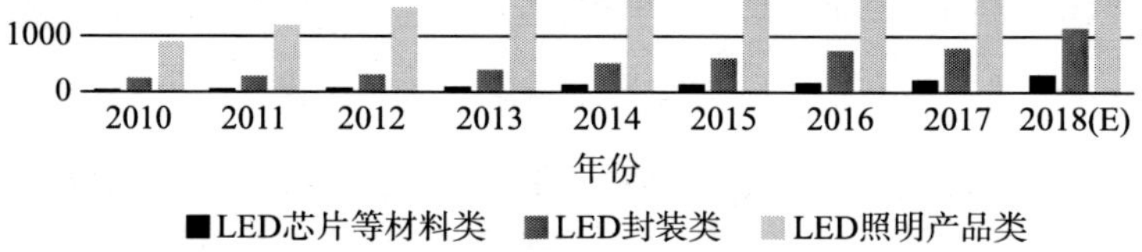

图 4-7　2010—2018 年中国半导体照明产业各环节产业规模（亿元）

（数据来源：CSA Research）

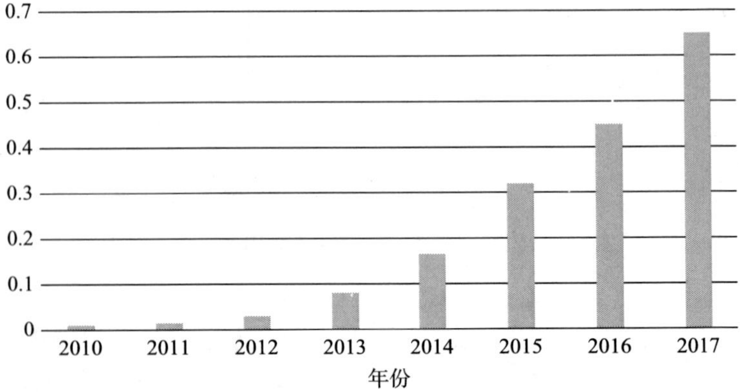

图 4-8　2010—2017 年中国半导体照明市场渗透率（%）

（数据来源：CSA Research）

同比增长 33%，产值规模到达 4286 亿元；销量约 38 亿只，同比增长 35%。中国已经成为全球最大的半导体照明产品生产国、消费国和出口国。

图 4-9、图 4-10 分别给出的是 2018 年中国 LED 照明产品出口目的地情况及 2012—2018 年中国半导体照明出口情况，从中可以看到，美国是中国半导体照明产品的第一出口大国，出口金额远远高于其他地区。同时，2012—2018 年半导体照明产品的出口额基本稳定增长。但由于 2018 年开始的中美贸易摩擦对整个照明行业形成了较大的冲击，因此 2018 年的照明产品出口额增长并不明显。对于照明行业

来说，中国目前是全球最大的 LED 照明产品生产国以及出口国。从产品价格方面来说，LED 产品的出口平均价格持续降低，但下降趋势已经放缓很多。

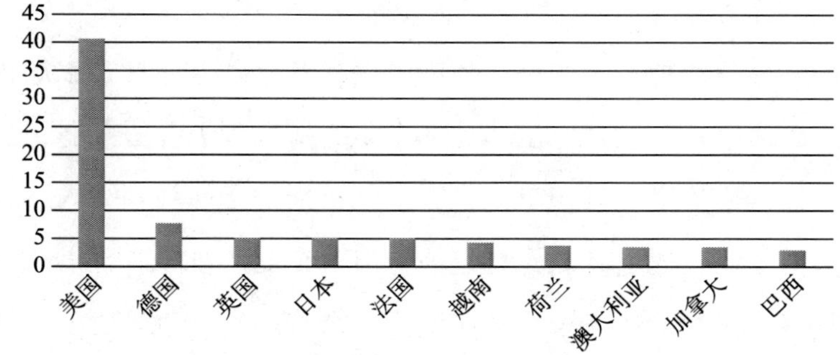

图 4-9　2018 年中国 LED 照明产品出口目的地情况（亿元）

（数据来源：中国海关总署）

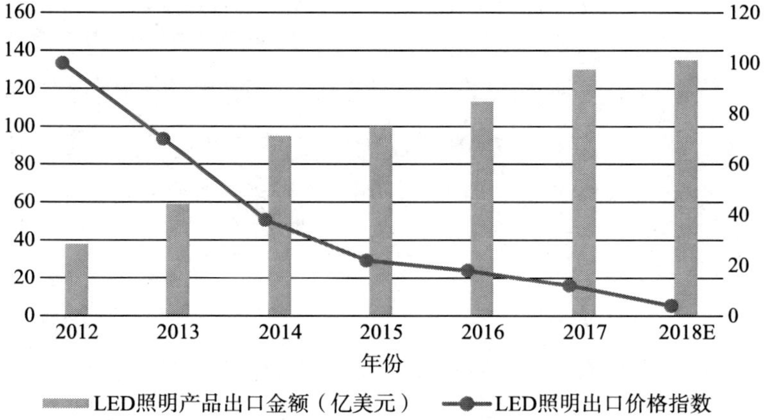

图 4-10　2012—2018 年中国半导体照明出口情况

（数据来源：中国海关总署）

2019 年，LED 照明出口前 20 名的企业出口总额为 38.9 亿元，约占 LED 照明出口总额的 13%。其中，立达信、阳光、得邦三家依然名列前三位，但是同比均有所下滑，因而领先优势有所削弱；2019 年已强强联手的凯耀和昕诺飞分列四五位，值得一提的是，昕诺飞生产专业渠道灯具的成都和上海两家工厂上量，虽然比上半年的暴涨势头有所减弱，全年依然逆势增长近 50%。携手朗德万斯的木林森和纳入怡迅的雷士已稳居前列。在传统前十出口企业产量多有下滑的形势下，民爆、杰光、海莱、浩洋、众普森、光莆等原第二梯队企业扛起前进大旗，保持了增长势头，并为出口总额微增做出了相应贡献。

在国际市场价格竞争激烈和 LED 替换光源已近高峰的形势下，出口居前列的企业如立达信、阳光、得邦等已主动做出调整，正在有意识地逐步退出一些“高危”市场和低毛利业务，加强自主品牌的发展，并逐渐增加一体化灯具和 IoT 相关产品的比重。

LED 光源出口企业业绩普遍有所下滑，整体格局相对稳定。出口前名列 20 位的企业出口数量为 23.56 亿只，占 LED 光源出口总量的 40%；出口金额则达到 24.31 亿美元，占 LED 光源出口总额的 44%。相比较来看，LED 灯具出口名列前 20 位企业出口额仅占整个 LED 灯具出口总额的 8.7%。由此可见，“光源集约，灯具分散”的基本面情况依旧。随着 LED 替换光源等规模化标准品生产自动化的深化演进，此类出口市场已是少数人的游戏，未来无论是大企业扩大营收规模还是中小企业差异化发展都更要依托一体化 / 模块化灯具和 IoT 智能化产品。

从出口企业产品单价普遍降低的形势可以看出，海外市场激烈的价格竞争依旧持续，广大出口企业要依仗更庞大的出口数量来维系出口金额的平衡或增长，利润受到很大的挤压。所以，2019 年虽然出口企业十分努力，但增量不增收，增收不增利的现象目前较为普遍。

LED 灯具占各出口企业的业务比重亦在稳步提升。相比较 LED 光源的高度集约，LED 灯具市场因产品类型和渠道类型更多样化，市场也更为分散。各头部企业也可谓“八仙过海各具神通”，既有立达信、阳光、得邦等标准品代工大户，有手握欧美商超大单的健达、莹辉、北方等，又有昕诺飞、杰光等外资品牌工厂；既有浩洋、亮艺等舞台照明专业厂商，有光莆、恒太、珈伟、联域等强势单品企业，又有品类众多广泛出击的众普森、木林森等。

LED 灯管出口方面，得邦拔得头筹，山蒲和晨辉紧随其后，此消彼长，快捷达则从曾经的头名滑落至第四；爱丽思和普为主打日本市场，因而产品出口单价仍维持高位甚至有所增长。当然，灯管总体情况和灯泡相仿，各企业的出口单价也面临着较大的下行压力。

LED 照明发展吸引了大量的资本进入照明领域，企业数量由之前 8000 余家大幅增长到 20000 余家，产业竞争激烈。这些企业以民营为主，占 90% 以上，与半导体照明相关的上市公司超过百家。以 LED 为主营业务的主板上市公司从 2010 年的 2 家发展到目前的 35。近两年来，中国照明企业参与跨国并购持续升级，其中最著名的包括飞乐音响收购 Havells Sylvania（喜万年）、木林森收购欧司朗旗下 LEDVANCE，它们意图通过国际品牌优势迅速布局全球市场，升级加速国际化战略。

4.3.3 半导体照明标准

半导体照明技术的兴起也给中国照明标准化工作带来了机遇和挑战。目前中国已经发布 25 项 LED 照明产品标准（见表 4–6），多于 IEC 制订的为 23 项半导体照明产品标准。为响应和推进中国标准化改革，精简整合强制性国家标准，集中优化推荐性国家标准，培育团体标准，搞活企业标准，2015 年照明产业调整了照明标准体系，根据产业发展的变化，增加并细化了半导体照明领域的标准，如图 4–11 所示。根据“十三五”技术标准体系建设方案，照明标准化将重点开展以下方向的工作：

- 建立并完善智能照明、照明系统的标准体系；
- 围绕智能照明、照明系统的标准体系建设，同时加强照明产品、控制层面的配套标准建设；
- 充分考虑与智能家居、智慧城市的关联性，从标准角度做好智能照明与智能家居、智慧城市的协调、衔接和融合；
- 研究开发植物照明等特殊照明领域标准；
- 加强照明基础研究，从光品质角度系统开展标准化工作，服务产品质量提升。

2016 年 10 月，国标委组织开展的企业标准排行榜工作中，照明电器排行榜在企业标准评价专家组评审中排名第一。

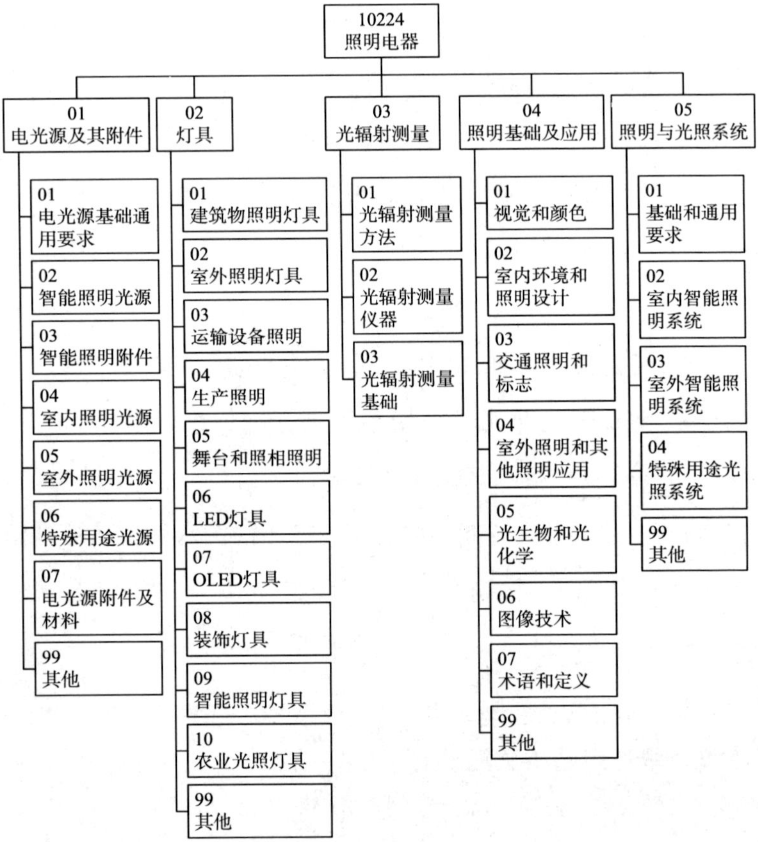

图 4-11 “十三五”时期照明电器行业技术标准体系框架

在国际标准化工作方面，积极参与国际标准组织的组织管理工作、参与和主导制修订国际标准：

- 逐步全面介入国际标准组织的组织管理和标准化战略研究工作。派专家参与 IEC TC34/AG1、IEC TC34/AG4、IECTC34/AHG3、IEC TC34/AHG5 等国际标准组织的组织管理和标准化战略研究相关的专题组和咨询组，包括照明行业发展及标准化需求研究、国际标准组织的组织管理、国际标准组织间合作研究等。派专家以国际标准组织内标准维护组主席（召集人）、标准项目组主席（召集人）的身份开展工作，包括 IEC TC34、IEC TC1、CIE、IEC TC23 等。

- 主导制修订国际标准。除将国际先进标准引入中国外，在标准“走出去”方面积极开展工作，牵头完成及在研 4 项国际标准，并作为标准起草组主要成员，参与起草多项 IEC 标准。

- 注重标准技术推广和输出。在组织开展照明标准技术研究工作的同时，致力于推动标准技术的推广和输出。近年来，依托全球高效照明技术中心等照明技术服务机构，为国际上超过 48 个国家的 2000 余人次提供标准技术服务，在该过程中，一方面，带动了中国照明标准技术和行业“走出去”，另一方面，也对照明行业的标准化需求有了进一步认识，并与相应的利益相关方建立了一定的沟通基础，有利于更好地开展照明行业标准化工作。

表 4–6　中国半导体照明相关标准一览表

序号	标准号	标准名称
1	GB 19651.3	杂类灯座第 2–2 部分：LED 模块用连接器的特殊要求
2	GB 19510.14	灯的控制装置第 14 部分：LED 模块用直流或交流电子控制装置的特殊要求
3	GB 24819	普通照明用 LED 模块：安全要求
4	GB/T 24823	普通照明用 LED 模块：性能要求
5	GB/T 24824	普通照明用 LED 模块：测试方法
6	GB/T 24825	LED 模块用直流或交流电子控制装置：性能要求
7	GB/T 24826	普通照明用 LED 和 LED 模块术语和定义
8	GB 24906	普通照明用电压 50V 以上自镇流 LED 灯：安全要求
9	GB/T 24907	道路照明用 LED 灯：性能要求
10	GB/T 24908	普通照明用非定向自镇流 LED 灯：性能要求
11	GB/T 24909	装饰照明用 LED 灯
12	GB/T 29293	LED 筒灯性能测量方法
13	GB/T 29294	LED 筒灯性能要求
14	GB/T 29295	反射型自镇流 LED 灯：性能测试方法
15	GB/T 29296	反射型自镇流 LED 灯：性能要求
16	GB/T 30104.207	数字可寻址照明接口第 207 部分：控制装置的特殊要求 LED 模块（设备类型 6）

续表

序号	标准号	标准名称
17	GB 30255	普通照明用非定向自镇流 LED 灯能效限定值及能效等级
18	GB/T 30413	嵌入式 LED 灯具性能要求
19	GB/T 31111	反射型自镇流 LED 灯：规格分类
20	GB/T 31112	普通照明用非定向自镇流 LED 灯：规格分类
21	GB/T 31897.201	灯具性能 第 2-1 部分：LED 灯具特殊要求
22	GB/T 32482.1	LED 分选第 1 部分：一般要求和白光栅格
23	GB/T 32483.3	灯控制装置的效率要求第 3 部分：卤钨灯和 LED 模块：控制装置效率的测量方法
24	GB/T 33720	LED 照明产品光通量衰减加速试验方法
25	GB/T 33721	LED 灯具可靠性试验方法
26	GB/T 34034	普通照明用 LED 产品光辐射安全要求
27	GB/T 34075	普通照明用 LED 产品光辐射安全测量方法
28	GB/T 34446	固定式通用 LED 灯具性能要求
29	GB/T 34452	可移式通用 LED 灯具性能要求
30	GB/T 34846	LED 道路 / 隧道照明专用模块规格和接口技术要求

（数据来源：国家标准化委员会）

半导体照明技术与通信、传感、识别、集成电路等多技术的融合，为产业发展创造了重要机遇。智能、安全、健康、农业光照等多样化应用需求为市场发展提供了新的市场切入点。多领域跨界合作成为智能照明发展的大势所趋。早在2015年，小米就已经与亚明、阳光、鸿雁、欧普、飞利浦照明、木林森、科瑞、锐高、莹辉、柏年、鼎晖、顿格等13家照明企业签署了联合声明，宣布共同推进智能照明产业发展。近年来，中兴、京东、百度、阿里、魅族等各领域的巨头也开始涌入智能照明市场。除了科技公司和互联网巨头和传统照明企业联合之外，家电行业的海尔、美的也都积极布局照明业务，通过与其他智能家电的互补，就能够完善整个智能家居的产业链，把智能照明需求带动起来。

4.4　日　本

日本电费较高，且有较多的白炽灯，造成高能耗和大量的碳排放。因此，日本人早就意识到节能和环境的重要性。在 1997 年的《京都议定书》签署后，日本积极进行 LED 照明灯具的推广，努力削减二氧化碳排放量。

4.4.1　半导体照明政策

日本半导体照明产业的研发体系以应用开发为主，实行以基础技术研发为基础的产业发展策略。日本产业政策的制定和实施主要由经济产业省负责。由于日本半导体照明产业覆盖上中下全产业链，并且在专利和设备开发能力上具有优势，因此日本的半导体照明产业政策主要采取通过产品补贴达到减排目的的方式。

日本早在1998年就推出了“21世纪光计划”，投入60亿日元用于开发白光LED照明光源，计划在2020年实现100%的照明产品为新一代高效率照明。日本是第一个提出将半导体照明技术列入国家发展计划的国家，主要研究领域包括感光、外延、装置、照明器具、国家标准等。1998年，日本政府修订了节能法，推出“领跑者”计划。“领跑者”计划针对特定产品，设定了目前最高能效目标与时间表，规定生产厂商必须在规定的时间内达到此项目标。在“领跑者”政策激励下，日本各大企业都把提高产品能效放在企业发展重要位置，半导体照明产业的发展也因此受益。此外，日本政府陆续推出大功率、高显色指数的大尺寸的白光LED产品计划，通过资助相关公司启动LED通用照明产品的研发，参与政府的绿色产品计划，并在产品获得引用后对企业进行33%的成本返还。2005年，日本对税法进行修改，增加了能源需求改善促进税制，将LED照明产品列为税收奖励对象，企业或组织使用LED产品可获得投资额130%的超额折旧或者投资额7%的税率减免，以提高企业使用半导体照明产品的意愿。2013年11月，LED球泡灯被指定为日本节能“领跑者”对象，并规定了以2017年度为目标年度的标准值（见表4-7、表4-8）。

表 4-7　日本 LED 球泡灯领跑者标准值（1）

光源颜色	光效目标值（lm/W）
日光、中性白、白光	110.0
暖白	98.6

表 4-8　日本 LED 球泡灯领跑者标准值（2）

光源颜色	显色指数	光效加权平均目标值（lm/W）
日光、中性白、白光	≥ 90	87.8
	<90	110.0
暖白	≥ 90	79.0
	<90	99.0

4.4.2　半导体照明市场

日本半导体照明产业市场集中度非常高。在上游主要以日亚化学以及丰田合成为龙头；中游封装领域，有西铁城和夏普；下游应用厂商主要包括松下和东芝等全球知名厂商。

2011 年 3 月爆发的大地震是日本 LED 照明开始迅速发展的转折点，地震导致的核泄漏令日本民众的消费观念发生了颠覆性改变，对照明节能的迫切需要让LED照明大放异彩。日本LED照明首先在住宅市场快速发展，并带动整体市场需求上升。从2011年开始，日本市场上LED替换类产品得以高速成长，到2013年底，替换产品市场迅速趋近于饱和，市场潜力开始转向LED一体化灯具方向。日本照明工业会的产业规划设想在2020年，日本照明市场将100%销售LED产品；到2030年，包括市场销售和存量使用的全部照明产品将为LED产品。目前，日本已经成为全球LED照明普及率最高的发达国家。

日本LED照明市场上使用较多的产品的使用率如图4-12所示，其中球泡灯主要是2011年后的替换潮带来的高

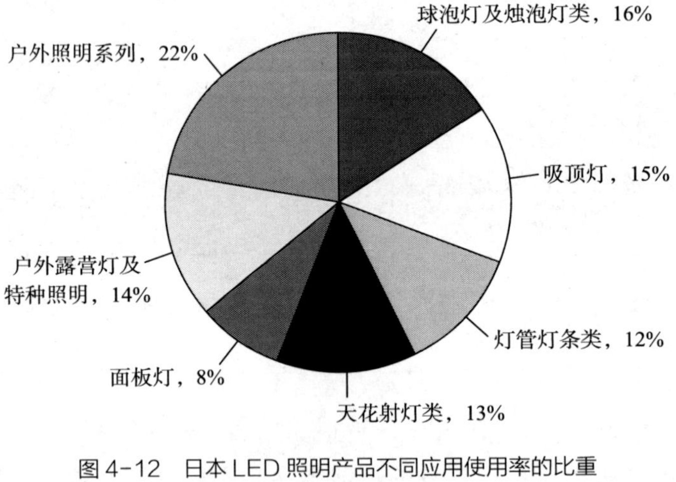

图4-12　日本LED照明产品不同应用使用率的比重

使用率。在商用照明方面以 LED 灯管为主，其中写字楼办公区域、政府公共区域等是未来发展的重点对象。户外照明也有一个比较大的用量，2020 年奥林匹克赛事相关的照明工程与基础设施建设，将进一步推动日本市场上半导体照明的应用。

4.4.3　半导体照明标准

日本照明学会（JIES）、日本照明委员会（JCIE）、日本照明工业会（JLMA）是日本照明标准的主要制订机构。为加快推动半导体照明的普及，日本在 2007 年成立 LED 照明推进协议会，对 LED 芯片制作技术、寿命评估方式、可靠度等领域进行深入研究。

日本的标准体系整体上既不同于 IEC 国际标准体系也不同于北美标准体系，在标准体系的建设方面起步比较晚，进展也相对较慢。但日本政府已经意识到标准工作的重要性，指定相关政府机构积极开展标准研发工作，建立国家照明实验室。日本制订出台的半导体照明相关标准清单见表 4–9。

表 4-9 日本半导体照明相关标准一览表

序号	标准号	标准名称
1	JIS C 8152	照明用白光 LED 测光方法通则
2	TS C 8153	照明用白光 LED 装置性能要求
3	JIS C 8154	一般照明用 LED 模块：安全性能指标
4	JIS C 8155	一般照明用 LED 模块：性能
5	JIS C 8156	一般照明用灯泡型 LED 灯：安全性能指标
6	JEL 811	照明用白光 LED 模组安全性要求事项
7	JEL 801	带 L 型灯口的直管型 LED 灯系统（普通照明用）

4.5 韩　国

4.5.1 半导体照明政策

韩国政府机构分工明确。韩国知识经济部主要负责产业政策管理，中小型商业投资管理委员会负责短期规划和应用，教育科技部负责完成学术功课。韩国在 2002 年提出“GaN 半导体开发计划”，国家投入 1 亿美元推动 LED 照明发展。在随后的“15/30 计划”中，又投入 50 亿韩元经费，拟定 LED 照明的标准规范，并规划在 2015 年前将境内 30% 的照明产品换成 LED 照明。

韩国的产业发展主要推行大公司战略，保护本国市场，推进国产化，同时政府成立专门机构进行管理、规划和指导产业发展，制定相关的产业和技术发展战略。政府与银行联手为企业提供资金，培育大集团企业。例如，目前在韩国，上游的技术大多是三星公司研发成功的。为构建半导体照明稳定成长的基础，韩国不仅计划打造地区半导体照明相关园区，以加强半导体照明产业垂直整合，也非常注重知识产权保护，通过构建专利资料库等方式强化半导体照明专利能力。据韩国相关部门统计，2008 年半导体照明产业申请专利约为 1100 项，其中封装技术 560 项，外延生长技术专利 350 项，LED 设计专利约 100 项。在产业发展初期，韩国一般首先将国内市场作为创新服务与产品的试验场，特别是韩国手机厂商对半导体照明产业的带动作用功不可没。

2000 年以前，韩国出台了氮化镓半导体开发计划，2000—2008 年，韩国政府投入 4.72 亿美元，企业投入 7.36 亿美元。政府投入资金的 60% 用于研发，20% 用于建基地，10% 用于人才培养，10% 用于国际合作，目标是成为亚洲最大的光电子生产国。

2006 年，韩国制定了 2015 年 LED 占其整体照明比重将达 30% 的目标和推动半导体照明产业发展的四大政策，包括 2012 年前 LED 照明占韩国国家机关的比重达到 3 成并扩大范围至路灯、隧道灯等，研发提升 LED 发光效率与延长平均寿命，加快制订 LED 照明认证标准、构建 LED 照明稳定成长基础和加强 LED 照明产业垂直整合化等。

2011 年，韩国政府出台《绿色 LED 照明普及方案》，以及《LED 照明 2060 规划（中长期 LED 普及路线图）》，目标是到 2020 年，实现公共事业机构 100%LED 照明，将全国 LED 照明普及率提升至 60%。韩国知识经济部为了促进 LED 照明的普及，计划对养殖场、住宅和商业街等为 LED 照明采购者提供补助金，为大规模建筑改造以 ESCO 方式提供融资支持。

2016 年，韩国 LED 照明市场的规模估计为 220 万亿韩元（约合 117.3 亿人民币），其中包括隧道、路灯、桥梁、灌溉和普通家庭等。2017 年以来，韩国土地和房产公司（LH）一直计划要将所有的 LH 公寓安装 LED 照明，韩国政府也将为此出台 LED 标准计划。韩国政府为更换 LED 照明设定了 2000 亿韩元的预算，计划将公共机构照明更换为 LED 照明产品。依照照明用途来看，2014 年以前，韩国 LED 室内照明市场规模大于 LED 室外照明。近两年，由于 LED 路灯技术的成熟，室外照明市场发展较快。

4.5.2　半导体照明市场

韩国半导体照明企业以三星 LED、乐金 Innotek 和首尔半导体照明等企业为代表。三星 2011 年开始积极进军半导体照明市场，并迅速发展，成为世界十大 LED 制造商之一。三星 LED 相关事业营收中，高达 90% 以上是由使用在面板背光模块上的 LED 零件贡献的。三星擅长做大规模标准化的产品，如电视机、手机，但 LED 照明产品种类繁多。随着中国大陆半导体照明市场的崛起，价格竞争激烈，三星的照明市场受到影响，2014 年三星宣布退出除韩国之外的所有市场的 LED 照明业务，将业务核心聚焦于 LED 上游部件。首尔半导体照明公司，与日本德岛大学和东北大学合作，得到 LED 初始原创专利，在封装和应用上占据优势，凭借专利和技术经营，一直坚守在半导体产业领域。

4.5.3 半导体照明标准

韩国 2009 年开始制订并实施 LED 照明标准，并分阶段纳入韩国 KS 认证标准。第一阶段推行替代型 LED 灯、嵌入和固定式 LED 灯具的标准认证工作；第二阶段推动 LED 模块、控制装置、可移式灯具等标准认证工作；第三阶段推动隧道灯、聚光灯、跑道灯等标准化认证工作。韩国已制订出台的半导体照明相关标准清单见表 4-10。

表 4–10　韩国半导体照明相关标准一览表

序号	标准号	标准名称
1	KSC 7651	内置转换器 LED 灯：安全和性能要求（用于替代白炽灯）
2	KSC 7652	内置转换器 LED 灯：安全和性能要求（用于替代卤素灯）
3	KSC 7653	嵌入式和固定式 LED 灯具：安全和性能要求
4	KSC 7655	LED 模块用直流或交流电子控制装置：安全和性能要求
5	KSC 7656	可移式 LED 灯具：安全和性能要求
6	KSC 7657	传感器型 LED 灯具：安全和性能要求
7	KSC 7658	LED 道路与街路照明灯具：安全和性能要求
8	KSC 7659	文字招牌用 LED 模块：安全和性能要求
9	KSC IEC 60838–2–2	杂类灯座第 2–2 部分：特殊要求——LED 模块用连接器
10	KSC IEC 62031	普通照明用 LED 模块：安全要求
11	KSC IEC 61347–2–13	灯的控制装置第 2—13 部分：LED 模块用直流或交流电子控制装置特殊要求
12	KSC IEC 62384	LED 模块用直流或交流电子控制装置：性能要求

4.6 东南亚地区

东南亚地区包括 11 个国家：文莱、柬埔寨、印度尼西亚、老挝、马来西亚、缅甸、菲律宾、新加坡、泰国、东帝汶、越南，占地面积 450 万平方公里，人口 5.93 亿。根据联合国环境规划署的估算，东南亚地区每年照明的用电量约为 85 TW · h，占总用电量的 14%，每年二氧化碳排放量为 50 Mt。

4.6.1 半导体照明政策

LED 等高效照明技术的发展为东盟地区的能源消耗问题提供了多种解决方案。目前，东盟国家的产品质量和性能较差，削弱了消费者对高效照明技术的信心。同时，由于缺乏统一的标准和立法，难以形成公平的市场竞争环境，抑制了区域内各国之间的创新，减少了贸易机会。2015 年底建立的东盟共同市场为推进照明标准协调一致提供了重要机遇。联合国环境规划署预计，东盟成员国如果全面实现高效照明市场转型，到 2030 年，该地区的总用电量将减少近 6%，二氧化碳排放量将减少近 2100 万吨，节约成本超过 35 亿美元。

联合国环境规划署、国际铜业协会和东盟成员国一直在区域层面展开合作，通过“ASEAN SHINE（东盟国家标准协调统一计划）”项目，协调标准，提高家电和照明产品的能源效率。自 2009 年以来，部分东盟国家通过参加澳大利亚政府组织 Lites.aisa 监管者和政策制定者网络，在淘汰低能效照明、推广高质量照明等方面进行区域性讨论和合作。2016 年，ASEAN SHINE 启动照明产品的工作。该行动的总体目标是：通过将照明市场转变为高效产品来增加东盟的能源安全，同时减少温室气体排放。ASEAN SHINE[1] 将着重于实现以下成果：

- 协调测试方法标准和照明产品测试报告的东盟多边

[1] 资料来源：ASEAN Regional Efficient Lighting Market Assessment.

认可；

- 东盟最小能效标准的区域政策路线图；
- 国家照明政策路线图和能力建设活动；
- MVE 的能力建设活动；
- 当地照明制造商的能力建设；
- 针对终端用户意识提升的宣贯和推广。

到 2016 年，项目取得了以下成果：

- EE&C–SSN 正式达成协议，将“ASEAN SHINE”项目扩展到照明领域；
- 组建了由东盟成员国的能源官员组成的照明政策和技术工作组；
- 召开了 4 个利益相关方磋商研讨会；
- 完成了东盟 10 个成员国的照明市场评估；
- 确定了协商一致的 LED 和直管荧光灯的测试方法。

4.6.2 半导体照明市场

2014 年，东盟国家的照明产品安装量约为 19 亿只。图

4–13 为 2014 年东盟地区的照明应用情况，从图中可以看出，住宅照明占比最大，为 69%，其次是商业和工业照明，占 30%，公共照明（路灯和户外照明）占比最小，约为 1%。节能灯是住宅照明中使用量最大的照明产品，约占 48% 的市场份额，其次是直管荧光灯占比为 34%。图 4–14 为 2014 年东盟成员国家照明应用情况对比，印度尼西亚在整个东盟地区拥有最大的照明产品使用量，约为 5.47 亿只。图 4–15 为东盟国家的不同照明产品的应用情况汇总，印度尼西亚和越南是 LED 照明产品使用量最大的国家。

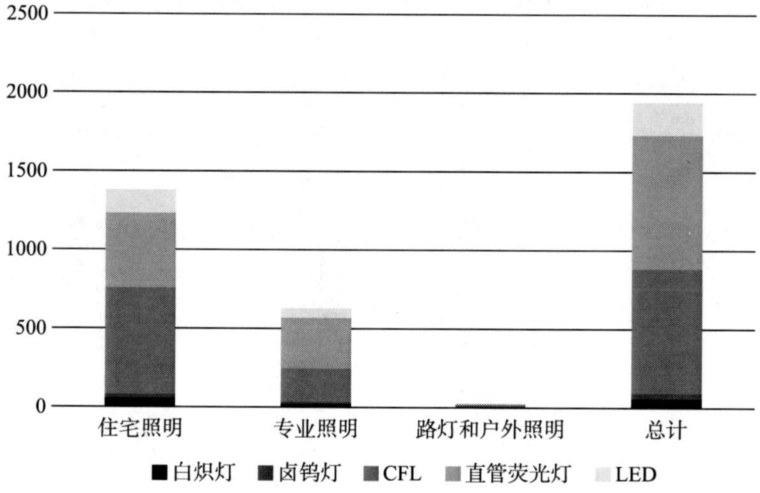

图 4–13　2014 年东盟地区的照明产品应用情况（百万只）

（数据来源：PAMA model）

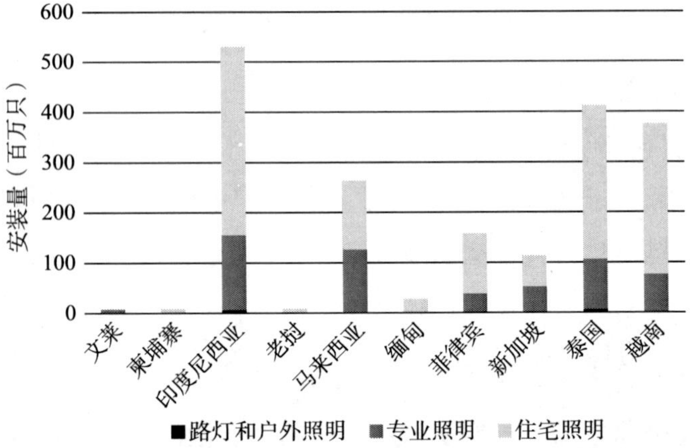

图 4-14　2014 年东盟成员国的照明产品应用情况对比

（数据来源：BNERI、EdL、IIEC）

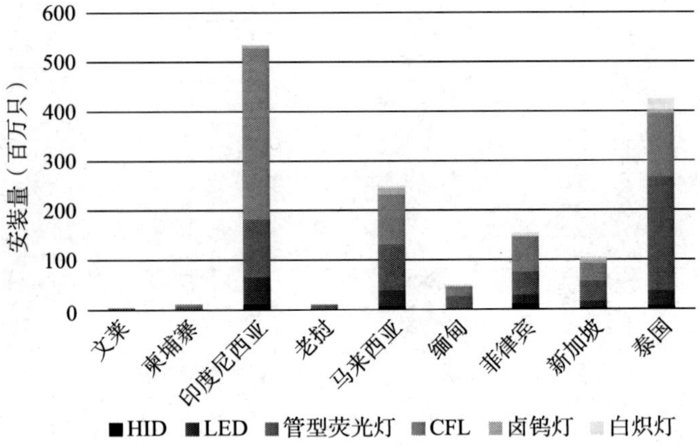

图 4-15　东盟国家的不同照明产品的应用情况汇总

（数据来源：BNERI、EdL、IIEC）

图 16—21 分别是柬埔寨、印度尼西亚、老挝、菲律宾、泰国和越南 LED 灯市场调研结果。从图中可以看到，这些国家的市场上 LED 灯的功率多集中在 5 ～ 12W。老挝市场上 LED 灯的功率分段比较明显，分别为 5W、7W 和 14W。菲律宾、泰国和越南市场上有功率高于 12W 的产品，最高为 15W。

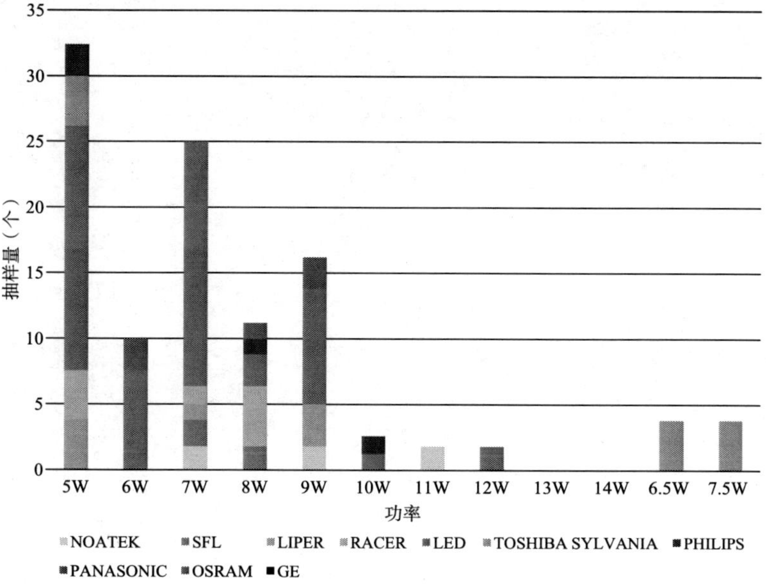

图 4-16　柬埔寨 LED 灯市场调研结果

（数据来源：Lamp Simpling Report）

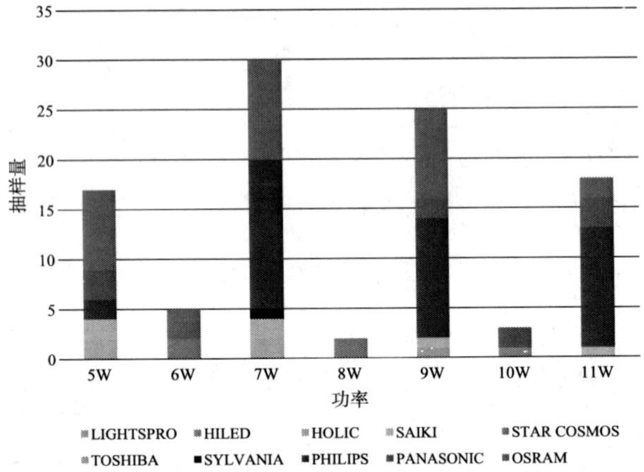

图 4-17 印度尼西亚 LED 灯市场调研结果

（数据来源：Lamp Simpling Report）

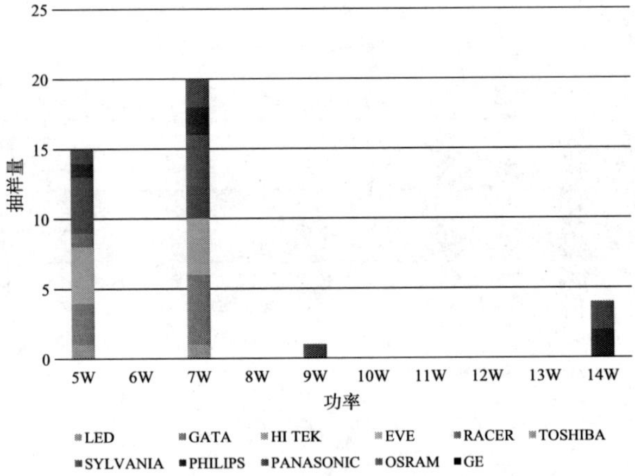

图 4-18 老挝 LED 灯市场调研结果

（数据来源：Lamp Simpling Report）

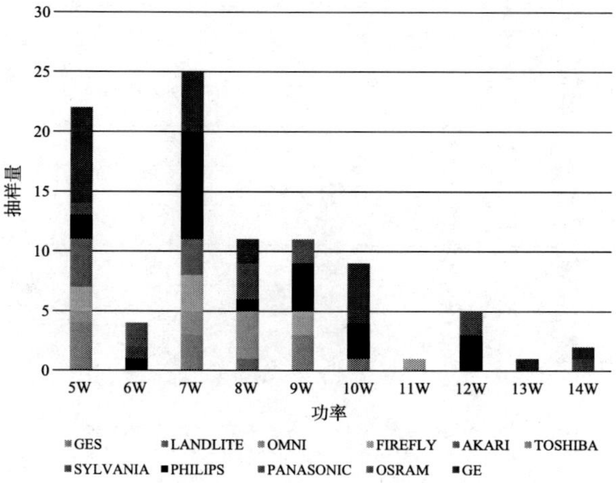

图 4-19　菲律宾 LED 灯市场调研结果

（数据来源：Lamp Simpling Report）

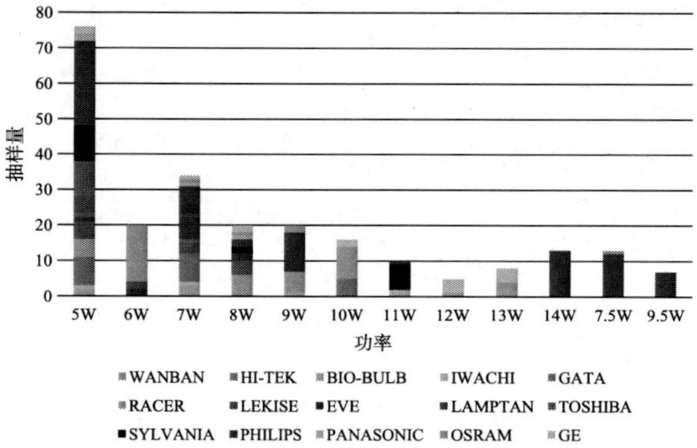

图 4-20　泰国 LED 灯市场调研结果

（数据来源：Lamp Simpling Report）

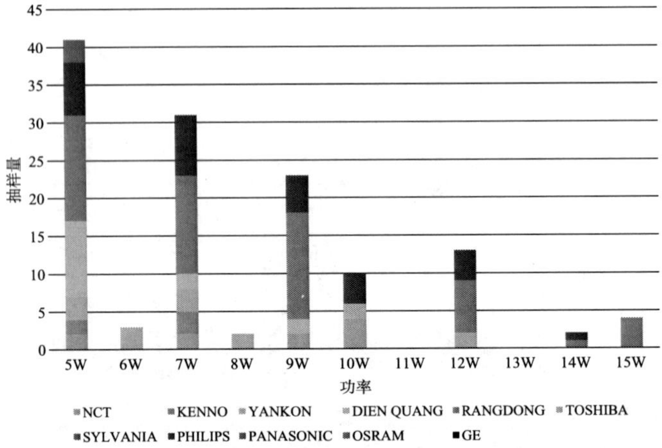

图 4-21　越南 LED 灯市场调研结果

（数据来源：Lamp Simpling Report）

东南亚地区以东盟为主导。在政策和标准方面，东盟经济共同体成立后，电子设备应符合 AHEEERR 统一标准，只要电子设备在任何一个成员国获得安全认证，就可以在该地区进行销售。ASEAN SHINE 项目的开展，有利于推动东南亚地区的标准协调一致，促进区域贸易。东南亚地区标准制订情况见表 4-11。

东南亚在过去几年中 LED 市场呈现强劲增长，传统照明的替代率也有所增加。东南亚的整体电价水平较高，导致东南亚国家对灯替换的需求大幅增加。随着东南亚其他国家经济的快速发展，人均照明需求将相应增加和群众节能意识的提高将使得 LED 照明产业在东南亚快速增长和普及。LEDinside 对泰国、新加坡、马来西亚、越南、印度尼西亚、菲律宾等 6 个主要国家的统计显示，2015 年东南亚整体照明市场规模约为 48 亿美元，其中 LED 照明约为 15 亿美元，预计 2016 年将达到 19 亿美元。从表 4-12 中可以看出，目前东盟国家中传统照明仍然占据最大的市场，LED 应用市场还有很大的发展空间，特别是在住宅照明和户外照明领域。

表 4-11　LED 相关标准和设施情况

国　家	LED 工厂	LED 标准	LED 认证 / 标识	照明实验室
柬埔寨	Y	N	N	N
印度尼西亚	Y	Y	计划中	Y
马来西亚	N	Y	Y	Y
新加坡	N	Y	Y	Y
老挝	N	N	N	N
菲律宾	N	Y	N	Y
泰国	Y	制订中	Y	Y
越南	Y	N	Y	Y

注：Y= 有，N= 无

（数据来源：LEDinside）

表 4-12 LED 照明技术在东盟国家不同市场应用中的比例

国　家	住宅照明市场份额	专业照明市场份额	户外照明市场份额
文莱	6%	10%	/
柬埔寨	3%	5%	3%
印度尼西亚	13%	10%	7%
老挝	0.1%	5%	3%
马来西亚	11%	9%	/
缅甸	6%	12%	/
菲律宾	9%	10%	3%
新加坡	/	10%	9%
泰国	4%	10%	0.6%
越南	17%	12%	6%

（数据来源：LEDinside）

4.7　南亚地区

南亚地区包括孟加拉、不丹、印度、马尔代夫、尼泊尔、巴基斯坦和斯里兰卡，占地面积450万平方公里，人口15亿，占全球总人口的1/5，并且每年以1.5%～1.7%的速度增长。南亚地区每年的用电量约为875 TWh，其中印度占比最大为86%；照明用电约占总用电量的15%，二氧化碳的排放量占全球总排放量的6%～7%。

孟加拉

孟加拉每年使用照明产品数量约为1.52亿只，其中白炽灯占54%，节能灯占25%，双端荧光灯和HID灯（High Intensity Discharge Lamp，疝气灯）分别占18%和3%，LED的使用比例还很小。孟加拉电力使用人口仅占41%，因此对离网照明产品的需求非常大，孟加拉在农村电气化和可再生能源项目中引入基础设施发展有限公司的太阳能照明项目，但是目前这些项目中LED产品也还未得以应用，如果能够用太阳能LED照明系统替代燃料照明系统，每年可以节省3.03亿升煤油，减少二氧化碳排放240万吨。LED应用市场前景非常广阔。

不丹

不丹每年使用照明产品数量约为70万只，其中白炽灯占57%，节能灯占28%，双端荧光灯和HID灯分别占11%和3%，LED产品还未得以应用。不丹也是一个缺电的国家，离网照明使用时长较大，如果能够用太阳能LED照明系统替代燃料照明系统，每年可以节省800万升煤油，减少二氧化碳排放20万吨。

印度

印度是南亚次大陆最大的国家，人口约13亿（2017年），仅次于中国，为世界第二人口大国，人口密度大，以农业为主，近年来服务业增长迅速。印度由于人口众多、电力供应严重不足，对于节能的需求巨大，近年来，印度政府通过立法、发布相应的政策和推进照明相关项目等加快高效照明设备的推广。目前，印度的室外共场所仍以荧光灯为主，部分地区由于电压不稳，白炽灯的用量也很大。虽然在商业照明中，白炽灯和卤钨灯的使用比较普及，但在一些新建公共设施中，也有了相当数量的 LED 球泡、筒灯和洗墙灯的应用。室外照明方面，虽然已经在一些二级公路上应用 LED 路灯，但高压钠灯和金卤灯还是占主流。总体上来看，印度 LED 照明灯具在整体照明市场中的占比仍不高，仅为约 4%。印度的照明耗电量约占整个国家耗电量的 18%，印度政府希望通过推广 LED 照明产品，到 2020 年将照明耗电量降至 13%。

印度也是照明生产国，表 4-13 是印度照明工业的生产统计数据。从表中可以看出，近年来印度整个照明产业以较快速度增长，特别是 LED 照明。2015 年，传统照明产品无论从金额还是从数量上都出现负增长，但 LED 照明产品依旧维持了一定的增速，并达到整个照明产业的 28%。

表 4-13 印度照明工业 2015 年生产统计数据

产值单位：千万卢比

分类	2010 年产值	2011 年产值	2012 年产值	2013 年产值	增长率（%）	2014 年产值	增长率（%）	2015 年产值	增长率（%）
灯	3600	4068	4515	5011	11	5562	11	5300	–4.7
灯具	3500	4270	4953	5597	13	6213	11	6524	5
电器附件和控制装置	850	952	1001	1071	7	1156	8	1295	12
总计（不含LED）	7950	9290	10469	11679	12	12931	11	13119	1.4
LED	500	850	1250	1825	46	3395	86	5092	50
照明产业产值总计	8090	10140	11719	13504	15	16326	21	18211	11.5

（数据来源：印度照明市场分析）

印度 LED 照明市场发展迅速，2016 年 LED 照明市场规模达到 11.4 亿美元，年增长 47.1%。印度 LED 照明市场的增长主要来自政府项目（见表 4–14），在 LED 总订单量中占比高达 51%。在公共照明领域，印度政府通过 EMC（Energy Management Contracting，合同能源管理）模式，开展路灯改造工程，由印度电力部下属的 EESL 公司（能源效率服务公司）执行和管理。2016 年 1 月 8 日，印度政府宣布，希望在 2018 年底以前可以全面换用 LED 灯泡。印度电力能源部长 Piyush Goyal 公开表示，印度是一个缺电的国家，目前还有 2.5 亿人口是在没有电的环境下生活，未来印度整体照明市场的发展前景仍很可观。

表 4–14　印度政府的一些 LED 推广举措

第 12 个五年计划（2012—2017 年）	推广 2000 万只 LED 灯
SEEP（超级能效设备项目）	推广 2500 万只 LED 灯
LED 示范工程	LED 新村计划，在 23 个州村庄开展 LED 示范项目，在 32 个州开展 LED 路灯示范项目
印度铁路项目	8000 只 LED 灯用于印度铁路
LED 家居和路灯国家项目	在 100 个城市推广 LED 灯泡和路灯

（数据来源：印度照明市场分析）

印度产品的认证监管机构为BIS（Bureau of Indian Standards，印度标准局），其负责印度标准法规制定和产品认证。所有在强制认证产品目录内的电子产品进口到印度或者在印度市场上销售的都必须经过印度标准局（BIS）注册认证。认证对整灯和驱动电源有电气安全要求，外加符合当地消费特色的“防雷击+低谐波”。企业需要注意的是，BIS认证的价格很高，并且拿证周期比较长，因此“市场门槛”还是比较高。表4–15为印度标准院发布的关于照明的国家标准。

表4–15　印度标准院发布的国家标准

序号	标准号	标准名称
1	BIS 16101	General Lighting–LEDs and LED modules – Terms and Definitions
2	BIS 16102（Part 1）	Self–Ballasted LED–Lamps for General Lighting Services Part 1 Safety Requirements
3	BIS 16102（Part 2）	Self–Ballasted LED–Lamps for General Lighting Services Part 2 Performance Requirements
4	BIS 16103（Part 1）	LED Modules for General Lighting Part 1 Safety Requirements

续表

序号	标准号	标准名称
5	BIS 16103（Part 2）	LED modules for general lighting Part 2 Performance requirements
6	BIS 15885（Part 2/Sec 13）	Lamp Control Gear Part 2 Particular Requirements Section 13 or a.c. Supplied Electronic Controlgear for LED Modules
7	BIS 16104	d.c. or a.c. Supplied Electronic Control Gear for LED Modules – Performance Requirements
8	BIS 16105	Method of Measurement of Lumen Maintenance of Solid –State Light（LED）Sources
9	BIS 16106	Method of Electrical and Photometric Measurements of Solid–State Lighting（LED）Products
10	BIS 16107 – Part 1	Luminaires Performance Part 1 General requirements
11	BIS 16107 – Part 2	Luminaires performance Part 2 Particular requirements Section 1 LED Luminaire
12	BIS 16108	Photobiological Safety of Lamps and Lamp Systems

（数据来源：BIS）

值得注意的是，印度LED照明市场目前仍然处在早期成长阶段，本土供应链并不完整，缺乏中上游企业，虽然具有较大规模的照明产品生产能力，但是缺乏完整的产业链配套能力，照明产业原材料、元器件和半成品主要从中国进口。同时，标准高、价格低是目前印度照明市场的普遍现状，这使得企业的利润空间非常有限。

马尔代夫

马尔代夫是印度洋上的小岛国，土地面积约 300 平方公里。由于国家所有的能源都依靠进口，因此马尔代夫是所有南亚国家中电价最高的国家，并且电力消耗每年以 8.5% ～ 10% 的速度增长。马尔代夫政府十分关注节能减排的问题，也开展了海滨照明项目、LED 照明推广项目等，在海滨地区和政府办公大楼推广 LED 照明产品。

尼泊尔

尼泊尔每年使用照明产品数量约为 1200 万只，其中白炽灯占 48%，节能灯占 32%，双端荧光灯和 HID 灯分别占 20% 和 1%。尼泊尔电力使用人口仅占总人口的 34%，因此离网照明产品的市场相对较大，但是目前 LED 产品还未得以应用，如果能够用太阳能 LED 照明系统替代燃料照明系统，每年可以节省 63.11 亿升煤油，减少二氧化碳排放 88.32 万吨，市场前景非常广阔。

巴基斯坦

巴基斯坦每年使用照明产品数量约为 1.94 亿只，其中白炽灯占 57%，节能灯占 8%，双端荧光灯和 HID 灯分别占 32% 和 3%，LED 几乎没有。巴基斯坦国内有 44% 的人口还未能接入电力，因此对离网照明产品的需求非常大，如果能够用太阳能 LED 照明系统替代燃料照明系统，每年可以节省 1.97 亿升煤油，减少二氧化碳排放 154.84 万吨。

斯里兰卡

斯里兰卡每年使用照明产品数量约为 2600 万只，其中白炽灯占 50%，节能灯占 27%，双端荧光灯和 HID 灯分别占 15% 和 8%。斯里兰卡的离网照明产品市场也很可观，如果能够用太阳能 LED 照明系统替代燃料照明系统，每年可以节省 1.2 亿升煤油，减少二氧化碳排放 32.48 万吨。

南亚地区约有 26 亿只的照明安装量，其中 39% 仍为白炽灯，其次是节能灯、双端荧光灯、HID 灯，LED 的平均应用水平较低。表 4–16 给出了这一地区有关 LED 生产、标准、认证 / 标识和照明实验室的信息。从表中可以看出，印度是 LED 推广实施措施最多的国家。大部分 LED 照明市场还处于初级阶段，从整体来看 LED 的应用前景非常可观，这一地区有着很大的潜在空间。

表 4-16　LED 相关标准和设施情况

国　家	LED 生产厂	LED 标准	LED 认证 / 标识	照明实验室
孟加拉	Y	N	N	Y
不丹	N	N	N	N
印度	Y	Y	Y	Y
马尔代夫	N	N	N	N
巴基斯坦	N	N	N	Y
尼泊尔	N	N	N	Y
斯里兰卡	Y	N	N	Y

注：Y= 有，N= 无

（数据来源：联合国环境规划署）

此外，电力缺乏是南亚地区很多地方比较明显的特征，约有 30% 的人口未能接入电力，其中孟加拉和尼泊尔的这一比例最大。因此在这些地区除了普通的 LED 照明产品外，离网 LED 照明产品也有很大的需求。LED 照明产品的使用是改善地区照明质量，实现节能减排的最有效的途径之一。

4.8　澳大利亚

澳大利亚是全球第一个宣布全面淘汰普通照明用白炽灯的国家。澳大利亚的照明产品大量依赖进口，其中绝大多数产品来自中国。全国约有 700 万～ 800 万个家庭，平均每个家庭拥有 70 ～ 80 个灯座，产品原以 MR16 卤钨灯和传统吸顶灯为主，具有较大的替换潜力。

澳大利亚 LED 照明产品普及率在发达国家中相对较高。住宅道路照明占全国道路照明总量的 67%，目前其中一半以上使用的是汞蒸气灯。中等道路占 7%，主要是汞蒸气灯和高压钠灯。主道路占道路照明的 26%，占主体的 90%以上道路照明使用高压钠灯。总体而言，LED 占据基于 DNSP 公共照明的约 6.5%，在未来几个月内可能会接近 9.5%。迄今为止，澳大利亚销售的道路 LED 灯具总数为 24.5 万套，94%部署在 P 类道路上，6%部署在 V 类道路上。智能控制总共约为 2200 个点，其中 P 类道路占 88%，V 类道路占 12%。澳大利亚政府还拟建立智能城市路灯集团，作为智慧城市计划内容的一部分。

澳大利亚经济发达，市场对产品品质要求较高。澳大利亚通过制定标准和法规、认证和标识体系、建立产品注册系统，控制产品的进口和销售，同时还通过不定期的市场抽查活动，了解市场上的产品质量与标准的符合情况，从国家层面规划技术的应用。对于未来照明市场，半导体照明技术也是澳大利亚政府推广的重点，在家居照明方面，替换型的 LED 灯是主流，在路灯领域，澳大利亚政府已经开始规划智能照明路灯的发展，着手智能应用的推广。

4.9　拉丁美洲地区和加勒比海地区

在拉丁美洲地区，古巴是最早淘汰白炽灯的国家，随后阿根廷、厄瓜多尔、巴西、墨西哥、哥伦比亚也纷纷采取行动。表 4–17 是联合国联合国环境规划署出具的照明评估数据，即用 LED 替代现有照明产品，到 2030 年拉丁美洲各国节能减排的效果。

表 4–17　2030 年节能减排量预测

国　家	年节电量（千兆瓦 / 每小时）	CO_2 减排量（千吨）	节省费用（百万美元）
危地马拉	550	200	135
古巴	2300	2600	260
尼加拉瓜	220	128	44
萨尔瓦多	430	126	60

续表

国　家	年节电量（千兆瓦/每小时）	CO_2减排量（千吨）	节省费用（百万美元）
洪都拉斯	201	83	22.2
阿根廷	7800	3400	400
巴拉圭	560	0.7	39
多米尼加共和国	850	760	119
秘鲁	1800	600	270
海地	30	13.7	5.2
哥伦比亚	2230	440	218
墨西哥	6800	5400	600
厄瓜多尔	950	400	93
玻利维亚	490	240	39
哥斯达黎加	630	40	71
巴西	21400	1840	3200
牙买加	210	167	77
乌拉圭	660	128	118
委内瑞拉	5500	1500	93
智利	3600	1700	810
巴拿马	510	190	94

续表

国　家	年节电量（千兆瓦 / 每小时）	CO_2 减排量（千吨）	节省费用（百万美元）
特立尼达和多巴哥	630	480	25
总计	58621	20436.4	6792.4

（数据来源：联合国环境规划署）

玻利维亚

玻利维亚的电价远低于拉美的平均电价。政府启动了国家能源效率计划免费节能灯替换白炽灯。这个计划的第一阶段是从 2008 年中到 2009 年中，包括向 130 万个玻利维亚家庭发放约 660 万只节能灯。这项活动对节能产生了积极影响，但本质上还没有改变照明市场结构。第二阶段（2011—2012 年），又在全国发放了约 1000 万只节能灯。与此同时，政府已在积极倡导合理用电的行为，首次在民众中开展全国性的能源利用意识提升活动。国家能源效率计划在节能方面的积极成果意义重大，推动了新型高效照明产品在玻利维亚的推广和使用。除此之外，玻利维亚也在努力加强法律框架，如通过海关政策逐步淘汰白炽灯进口，增加白炽灯的进口税，降低高效照明产品的关税等。

表 4–18 是从联合国商品贸易数据库中提取的玻利维亚的照明市场数据和预测。从表中可以看到，目前玻利维亚市场份额最大的照明产品仍然是白炽灯，其次是节能灯和直管荧光灯，LED 已经有了一定的应用，但占比较小。玻利维亚是一个经济欠发达的国家，价格仍然是影响市场的关键因素之一。

表 4–18 玻利维亚照明市场数据

分类	2015 年进口量（只）			2016 年进口预测（只）	市场占有率
	总计	住宅照明	其他	总计	总计
白炽灯	22172000	15664000	6508000	22793000	68.8%
卤钨灯	1632000	653000	979000	1678000	5.1%
节能灯	5120000	1536000	3584000	5263000	15.9%
LED	662000	320000	342000	681000	2.1%
HID	236000	14000	222000	242000	0.7%
高效 HID	56000	1000	55000	58000	0.2%
直管荧光灯	1967000	450000	1517000	2021000	6.1%

续表

分类	2015 年进口量（只）			2016 年进口预测（只）	市场占有率
	总计	住宅照明	其他	总计	总计
高效直管荧光灯	403000	24000	379000	414000	1.2%
总计	32248000	18662000	13586000	33150000	100%

（数据来源：联合国商品贸易数据库）

智利

智利政府于 2012 年制定了“国家能源战略”，为 2030 年前该国的能源使用提供了指导方针：①将能源效率作为优先的公共政策；②加速纳入可再生能源的发展；③增强传统可再生能源；④新的转换方式；⑤更具竞争力的电力市场；⑥推进国际电气互联。作为国家能源战略的一部分，智利制定了将最终能源需求减少 12% 的雄心勃勃的目标。为实现这一目标，政府将建立能源效率标签（包括照明产品）和最低能效标准（MEPS，白炽灯和直管荧光灯已经实施）。虽然这些最低能效标识准不是技术特定的，但它们将淘汰白炽灯，因为只有节能灯或更高效的灯才符合标准。此外，“国家能源战略”还包括促进住宅和街道照明。表 4–19 是智利现有的照明相关标准，LED 照明产品中仅有自镇流 LED 灯采用了 IEC 的 2 个标准。表 4–20 是 2010 年统计的智利照明产品的安装量。从表中可以看到，智利市场份额最大的照明产品仍是传统照明产品，LED 主要用于家居照明，但现有市场相对较小。

表 4–19　智利现有的照明相关标准

产品	日期	能效和安全标准	标识标准
白炽灯	2007 年 4 月 30 日	IEC 60064 IEC 60432	NCh 3010
节能灯	2007 年 10 月 31 日	IEC 60969 IEC 60968	NCh 3020
双端荧光灯	2009 年 7 月 31 日	IEC 60081 IEC 61195	NCh 3020
单端荧光灯	2009 年 7 月 31 日	IEC 60901 IEC 61199	NCh 3082
电子和电感镇流器		NCh 3083 IEC 61347	NCh 3082
自镇流 LED 灯		IEC/PAS 62612 IEC 62560	TBD
卤钨灯		IEC 60357 IEC 60432–2	TBD

表 4-20　2010 年智利照明产品的销售和安装量

分　类	2010 年销量（只）			安装量（只）		
	总计	住宅照明	其他	总计	住宅照明	其他
白炽灯	45717000	44989000	728000	30796233	27247623	3548610
卤钨灯	11066000	8762000	2304000	2235307	1549179	686127
节能灯	8142000	6695000	1447000	41523022	33283271	8239751
LED	956000	918000	38000	163235	82327	80908
HID	1625000	13000	1612000	3122450	15148	3107301
高效 HID	404000	1000	403000			
直管荧光灯	8183000	4507000	3676000	25887580	12295800	13591774
高效直管荧光灯	1156000	237000	919000			
总计	77249000	66122000	11127000	103727826	74473355	29254471

秘鲁

秘鲁国土面积128.5万平方公里，在拉美地区位居第四。人口2400万，其中52%的居民生活在沿海地区，37%的居民居住在安第斯高原，11%的居民生活在亚马逊平原地区。

秘鲁从20世纪90年代中期起一直积极推动高效照明。目前，节能灯和直管荧光灯是秘鲁市场上的主要产品。最新一代节能照明产品，例如LED灯，在当地市场上还很少，数据见表4-21。秘鲁国内的节能照明市场在广大农村地区的渗透率还较低，并且对节能照明产品质量问题的反应比较强烈。

表4-21　秘鲁市场上各类照明产品的安装量

产品分类	安装量（只）
白炽灯	4680294
直管荧光灯	6974208
环形灯	1764310
节能灯	47440409
LED灯	723749

（数据来源：联合国环境规划署）

根据联合国环境规划署的预测，秘鲁的照明耗电占年耗电量的 15%左右（见图 4–22）。秘鲁进口的 LED 照明产品 33.1%来自中国，其余部分是美国、哥伦比亚和巴拿马。目前使用量最大的主要是 LED 替代型的产品，如 LED 球泡灯、射灯等。

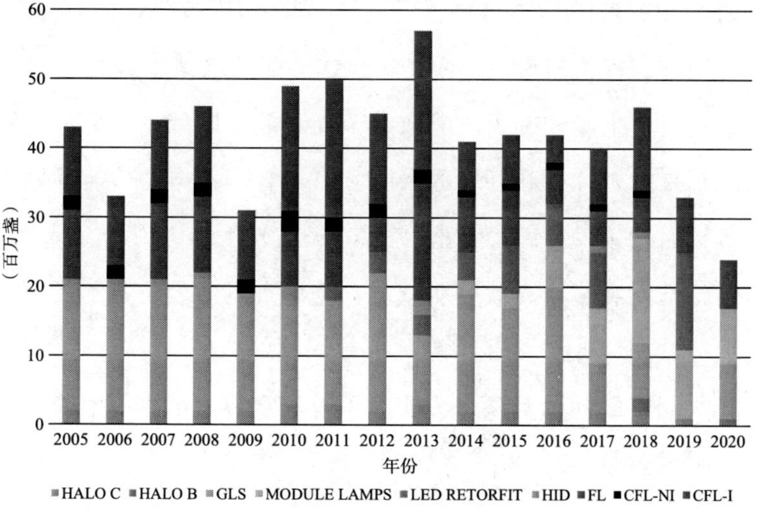

图 4–22　秘鲁照明市场销售和报告和估计

秘鲁 2016 年制定的“国家高效照明战略”，包括四个要素：标准和法规、支持政策、质量控制、环保管理。

巴西

巴西是全球第十大国，是南美地区最大的能源消费国。

自20世纪80年代以来，根据巴西《国家节能与合理利用能源法》，巴西矿产能源部、国家能源政策委员会、国家电力管理局和国家计量、标准化和工业质量协会制定和执行了一系列关于能效的政策和措施，包括PBE（强制性能效标签计划）、PROCEL（国家电力节能计划）以及CONPET（合理利用国家能源计划）。通过实施这些能效政策，鼓励生产商和消费者生产和购买高能效的节能产品，以减少经济快速发展带来的对社会和环境的影响和破坏。国家电力节能计划中包括通过减少居民、商业、公共服务场所、工业用电来节能，鼓励开发和使用高效照明产品，与地方电力公司共同投资开展公共照明改造项目，淘汰低效照明灯具；与各电力公司通过共同资助的示范项目、能源审计和宣传活动推广节能灯与LED产品。

在推广高效照明产品方面，巴西国家电力局、巴西标准管理局和生产厂商联合实施了一系列灯泡更新计划，如以财政补贴的方式降低节能灯以及LED产品的售价。2013—2016年巴西LED照明产品的年消费增长率达到46.7%。2017年，中国出口到巴西的照明产品规模达9亿美元。其中LED产品占比最大，规模达5亿美元，超过其总进口量的60%。巴西电力协会分析提出，未来五年，LED将成为巴西首要采购光源。

但是巴西的贸易关税高，加上很多法律条文限制，贸易保护主义较严重，巴西市场的开发难度很高。目前中国出口巴西市场的 LED 产品，主要以贴牌方式出口。从 LED 产品分类来看，主要需求产品包括 LED 管灯、球泡灯、灯条和射灯，以上四种产品占到进口比例的 74%，反映出 LED 在巴西民用、商业领域需求较为旺盛，但未来在路灯等室外照明领域具有非常大的市场潜力。

拉丁美洲和加勒比海地区的高效照明转型运动开展得如火如荼，近年来备受国际社会关注。很多国家都开展了国家照明项目，推动高效照明技术的使用。政府对节能照明非常重视，通过开展节能宣传、示范工程等推动半导体照明技术的普及推广。中国是拉丁美洲和加勒比海地区的半导体照明产品的最大出口国，从出口的情况看，LED 照明产品在住宅照明和商业照明领域需求很大，呈上升趋势。各国政府也在大力投入大型基础建设项目，采用 LED 照明技术，这也给 LED 照明技术的推广带来了更多机会。在户外照明领域，LED 路灯应用是新亮点，用 LED 路灯替换传统气体放电灯是该地区的一个共识。

4.10 撒哈拉以南的非洲地区

撒哈拉以南的非洲地区包括 48 个最不发达国家中的 33 个。虽然大部分撒哈拉以南非洲国家的电价由于大量补贴而保持在最低水平，但该地区的平均关税较高，几乎比发展中国家的其他地区高出近一倍。因此，电力是公共财政的一个主要消耗。以乍得为例，电力补贴（主要用于购买化石燃料）占政府年度补贴的 20%。尽管过去十年经济增长较快，但电力供应并未显着增加。由于发电能力不足，许多撒哈拉以南非洲国家面临频繁的停电，这对生产力和区域经济增长产生了不利影响。

撒哈拉以南非洲国家的平均电力接入率低于 31%。非洲人口占世界人口的 15%，但电力消耗仅占全球电力消耗总量的 3%。撒哈拉以南非洲地区的总体电力使用率接近 30%，而撒哈拉以南的农村地区只有 10%。

撒哈拉以南非洲地区的照明产品贸易报告数据非常有限。然而，联合国 Comtrade 数据库报告的贸易总体趋势是可以观察到的。数据显示，中国占该地区照明产品报告贸易量的 70% 左右，德国，南非，荷兰，匈牙利和葡萄牙也为该地区提供照明产品。这些照明产品的目的地集中在四个国家（南非、尼日利亚、加纳和安哥拉），约占该地区进口的 75%。白炽灯仍然是非洲市场上的主要照明产品，LED 照明产品的高成本是市场推广中最大的挑战。

南非是非洲第一个淘汰白炽灯的非洲国家。中国在 2011 年底，由国家发展改革委会同财政部正式启动了应对气候变化国际合作专项工作，通过设立专项工作经费，在 3 年内向非洲国家等发展中国家赠送 LED 灯等节能低碳产品。

2015 年非洲 LED 市场中，LED 灯泡的整体市场价值达到 1.94 亿美元。预估到 2026 年前，太阳能 LED 照明市场的年复合增长率可望高达 28.6%。以产品应用类别来看，2015 年路灯在非洲照明市场中占比最高比例，达 37.6%。很多国家都积极要求采购 LED 路灯。

“照亮非洲”项目是由国际金融公司和世界银行发起的，旨在改善非洲照明状况，充分利用太阳能、风能等可再生能源，以高效率的现代化照明方式替代对人体有害的、高二氧化碳排放且相对昂贵的化石类燃料灯具（如煤油灯、蜡烛等）。“照亮非洲”项目的重要目的之一是提高可再生能源的利用率，同时帮助照明企业低风险、低成本地进入非洲市场。具体内容包括：

①非洲照明市场的门槛低，任何现代灯与当地普遍使用的煤油灯等相比都有无可比拟的优势；

②“照亮非洲”项目为企业做先期的市场调查和研究，包括量化消费者需求、消费行为和资金状况，从而帮助企业进行产品设计、确定适当的商业模式、制定项目设计和营销策略；

③项目为企业分析并帮助减少非洲当地在政策及规章管理方面的障碍（如税收，进口限制等），为企业在非洲的活动建立有益的商业环境；

④项目为企业提供流通渠道，使灯具制造、当地营销、相关建筑、设备制造企业等环节能较方便地直接进行联络与合作；

⑤项目将为企业提供低息贷款等融资服务，为供货付款等提供金融贸易信用支持；

⑥项目将为照明企业的产品提供适合当地的、有权威性的质量检测标准、方法及认证；

⑦当地有充足的太阳能、风能等自然资源，对用低电压供电的灯具，如 LED 等有较突出的吸引力。

非洲地区的照明最突出的问题就是缺电，因此用电照明和离网照明在非洲都有非常广阔的市场。白炽灯仍然是非洲市场上的主要照明产品，因此半导体照明应用的潜在市场很大。

先进的半导体照明产品在非洲推广中最大的挑战就是高成本。另外，在非洲地区推广高效照明产品需要特别注意技术方面的障碍。大多数非洲国家的电网电压波动很大。当输入电压波动超过 170 ～ 250V 的范围时，就会增加电子电路故障的发生几率，因此照明产品中需要增加稳压元件，并且采用的技术也需要考虑到该地区电力周期和频繁停电引发的相关问题。同时，相关的测试标准和规范也必须考虑到照明产品对电压波动的适用。

第5章

国际半导体照明产业发展对中国的启示

5.1　半导体照明巨大的市场潜力

淘汰低能效的白炽灯，推广高效照明产品是全球照明市场发展的大趋势。在第 2 章中我们可以清晰地看出，当前淘汰白炽灯的先进国家主要集中为发达国家以及中国、巴西等发展中的大国。而非洲、拉丁美洲、东南亚的大多数发展中国家开展的工作还比较少，在未来全球淘汰白炽灯的目标下，这些区域的高效照明市场还有一个较大的转型空间，蕴存着巨大的节能减排的潜力。

图 5–1 是亚洲、非洲、中南美洲各类照明产品的安装比对图。从图中我们可以看出，在发展中国家 LED 的推广使用量占比还相对较低，目前市场上以白炽灯、节能灯和荧光灯为主。这也为半导体照明市场的普及和发展提供了一个积极的信号。

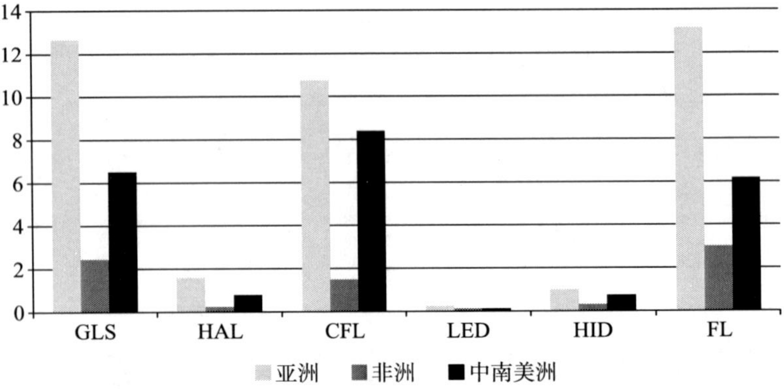

图 5-1　亚洲、非洲、中南美洲各类照明产品的安装量比对图（亿只）

从半导体产业政策来看，欧美发达国家都高度重视半导体照明，将其列为国家战略性高新技术，从国家层面给予大力的支持，特别是美国、日本等国，政府投入大量的资金推动半导体照明技术的基础研发工作，制定系统的产业发展规划，使得这些国家在半导体照明产业发展的初期就占领了先机，取得了半导体照明核心技术。

随着半导体照明技术进入快速成长期，欧美发达国家随续将资源和精力投入到引导产业发展的标准化工作中。美国政府投入大量的资源支持，开展测试方法和产品质量评价方面的研究，于 2008 年在全球率先推出 IESNA LM—79 和 LM—80 半导体照明产品的测试标准，成为此后若干年内全球半导体照明产品测试的标准依据，在国际上产生了深远影响。欧洲和日韩等国也不甘落后，在国际标准化组织 IEC 中具有很强的表现力。

由于技术进步的推动和市场需求的拉动，全球半导体照明市场规模不断扩大，技术突破远超预期，产品更新速度快，未来照明的形态、商业模式都将会发生颠覆性改变，欧美将半导体照明产业发展的重点也从单纯的制造业中剥离出来，转向更为高端的技术和市场，总体来说可概括为以下四点：

①从高效照明到智能照明；

②从强调节能到强调光的质量和以人为本；

③从单纯提供照明产品硬件到提供系统服务；

④从功能性照明扩大到非视觉照明应用。

半导体照明是目前最先进的高效照明技术，它的出现不仅给照明产业带来了革命性的巨变，而且这种变化和影响还在进一步扩大，从照明单品到智能控制，从视觉照明到非视觉照明，从单一功能到集多种功能于一体，数字化、功能化、集成化、互通化将是未来一段时间照明产业发展的方向。半导体照明改变了全球照明的产业格局。照明产业在过去几年，欧美相继将低端制造业务剥离，集中资源和精力转向更为高端和先进的照明系统和解决方案的研究，同时坚守国际标准战线，意指用标准来控制产业发展。中国是全球最大的半导体照明生产国、出口国和消费国，在生产制造和应用领域建立了自己的优势，全球80%以上的半导体照明产品都产自中国，但中国尚未成为照明强国，特别在高端技术、前沿科学方面与欧美发达国家还有一定差距。在很多国家，特别是发展中国家，对中国照明产品质量的负面声音还有很多，不利于中国照明产业的进一步提升和国际化布局。

全球淘汰白炽灯、推广节能灯运动的开展，为国际照明市场的发展提供了前所未有的机遇。欧美发达国家凭借传统照明领域的优势，已经建立广泛的营销网络，在很多国家和地区建立了根据地。中国照明产业想要做大做强，就要不断提升技术竞争力，加快产业布局，建立全球发展战略和目标。

从产业上来说，照明的智能化、系统化、网络化是未来发展的趋势。从全球发展中国家市场来说，由于经济原因，物美价廉是很多发展中国家对照明产品的基本需求。中国出口的照明产品价廉是国际市场竞争中很大的一个优势，但过去往往过于注重价廉，而忽视了物美的要求。因此在保持价廉的基础上，提高产品质量是目前改变全球对中国质量负面评价的最直接手段。不同的国家和地区，经济发展水平不一样，生活条件和方式不一样，对照明产品的需求也不尽相同。

总体来说，未来用更先进的 LED 照明产品替代现有使用的传统照明产品是这些国家的必由之路，而且 LED 照明产品已经在很多国家市场上出现，在一些场所中得以应用。

5.2 挑战和机遇

未来照明的发展不是单一产品技术的竞争，而是整体照明系统、智能控制领域的竞争，发展智能照明是助力中国建设未来智慧城市的关键。但中国目前在高端技术、产品创新、装备制造市场应用等方面的核心竞争力与欧美照明巨头仍然有较大差距，还没有形成具有国际竞争力的龙头企业。

低端制造的危机逐步加剧

LED照明产品制造的门槛较低，东欧、中东和南美等地的一些发展中国家都已经建立了LED照明产品的装配工厂，进行本地化生产，并且它们的人力成本相对更低，在当地以及周边国家占领了一定的市场，对中国产品出口造成了一定的冲击，加剧了中国低端制造的危机。

欧美向高端技术和标准话语权竞争的战略转型初见端倪

欧美知名照明企业加快战略转型，从过去生产制造端的竞争中退出，逐步从制造加工业中摆脱出来，转型为高端技术研发和国际标准控制。一方面，通过掌控高端技术，主导国际照明产业发展；另一方面，通过控制标准话语权，把握生产制造的命脉。欧美企业的转型对以生产照明产品为主的中国照明产业来说将会是一个巨大的压力。

高端制造、智能制造与国际有较大差距

未来照明将不再是单一产品的技术竞争，而是智能产品和照明系统的竞争。发展高端制造、智能制造是中国照明产业走向世界，增强国际竞争力的关键之一，也是中国未来智慧城市的建设关键。但目前中国对照明智能化的技术与应用研究投入还很有限，在国际战略布局上力度不够，与欧美发达国家还存在较大的差距。

5.3 建 议

5.3.1 技术研发、标准先行

发达国家在推广半导体照明技术方面以技术研发、标准先行为主。半导体照明产业链较长，在上游外延芯片和中游封装领域，美国、日本等发达国家起步早、政府支持力度大，在产业发展的前期占有先天优势，并且掌握着大量的专利和核心技术。中国在下游应用领域发展快速，已经赶超欧美，成为全球最大的半导体照明生产基地。但中国在技术基础领域和核心领域与发达国家还有差距。在未来数字化智能化的照明大战中，欧美发达国家已经开始投入大量的资源进行技术研发，准备迎接未来高科技条件下的照明之战。

标准化也是欧美发达国家一直争相抢占的领域。照明工业的发展水平与标准水平息息相关，标准是产业发展的基础和引领，控制标准就能控制产业，主导工业发展水平，在国际半导体照明推广进程中就能掌握技术话语权。2016 年 4 月李克强总理主持召开的国务院常务会议通过了《装备制造业标准化和质量提升规划》，以此对接《中国制造 2025》，进一步体现了标准化对实现制造强国战略目标的重要性。我国应加大国有标准化专业研究队伍建设的投入，培养专业的标准化人才，从标准、专利的角度占领照明工业制高点，控制话语权。

未来是智能化高端照明的时代，智能照明将通过光通讯实现智能家居、智慧城市的无限连接；照明将广泛应用于植物光照、光医疗等特殊领域。中国的照明产业应逐步摒弃低端高耗的制造，向低碳、高附加值的高端制造业发展，我们应重点加强对高端照明标准的研究，通过高端照明的标准来引领高端照明工业的发展，实现照明产业的高附加值转型。

5.3.2　国家 / 城市照明示范工程

开展国家 / 城市照明示范工程是目前大多数国家都会采取的一项政策措施。通过采用半导体照明产品替代传统照明产品，降低城市公共照明的用电量，进而降低发电所需的能源消耗，减少污染物和温室气体排放，对节能减排和大气污染治理起到积极作用。一般来说，采用普通半导体照明产品可节电50%，采用智能半导体照明产品可节电80%，这对电力缺乏、电价较高的发展中国家来说具有十分重要的意义。此外，通过开展照明示范工程，也可为民众树立使用高效的半导体照明产品的榜样，带动和提升整个社会对先进的半导体照明技术的认知度和接受度，从而促进半导体照明产品的社会普及率。

5.3.3 加大民众宣传力度

半导体照明技术在产业界虽然已经默认为主流高效照明产品，但在很多非洲、中南美洲等发展中国家，市场上仍以白炽灯和节能灯为主，此外，半导体照明技术与产品更新速度快，种类繁多，应用领域广泛，民众对半导体照明技术的认知度还不够高。要在全社会普及半导体照明产品，需要提升民众的照明节能意识，普及半导体照明技术知识。

各国政府常用的宣传方式包括：电视媒体、节能照明宣传片、社区活动、政府补贴等。

5.3.4　加快培育产业创新力与竞争力

企业未来的发展趋势是优胜劣汰，产业重组提升行业的集中度，目前行业的现状是企业数量多，规模小，产品质量参差不齐，兼并重组是必然趋势。在新时期，克服瓶颈实现由大到强，关键是培育产业的创新力和竞争力。通过强化技术创新，深化供给侧结构性改革，优化产业发展环境和大局，树立民族品牌和龙头企业，推动中国半导体照明产品的持续发展，防止同质化和恶性竞争，坚持质量第一、效益优先，为中国从半导体照明产业发展大国成为产业强国奠定坚实的基础。

5.3.5　大力发展智能照明

随着消费者对照明发光效率、个性化照明、节能环保等要求的提升，智能照明作为最行之有效的解决方案，将成为行业发展的必然趋势。在智能照明领域，LED 的优势明显。智能照明是推动智慧城市发展的重要杠杆，欧美照明产业纷纷剥离传统制造业务，将资源集中转向更先进的照明系统和解决方案，从纯粹的智能功能的发展转向更注重人的行为的以人为本的照明。以人的行为、视觉功效、视觉心理研究为基础，开发更具有科学含量的，个性化的智能化照明产品。这是人类对未来照明的期待和畅想，也是照明产业未来的发展方向。以智能照明为载体，加快物联网建设，推进智慧城市的目标。

5.3.6 建立产业技术共享平台，推动实现《中国制造2025》强国目标

照明技术正快速地向信息化、智能化、集成化方向发展，跨领域技术合作研发成为趋势，单一企业对科研投入无法实现与应对技术与市场快速发展的需求，特别是共性技术，多方的重复投入也是人力财力的浪费。因此，建议在现有技术基础的平台基础上，国家与企业共同出资，建立产业共享技术平台，将各领域的资源进行整合，加深对共享技术的深入研究，推动实现《中国制造 2025》提出的制造强国的战略目标。

5.3.7 借力国家“一带一路”政策，推动中国标准、技术和产品走出去

2013 年 9 月，中国国家主席习近平分别提出建设“新

丝绸之路经济带”和“21 世纪海上丝绸之路”的合作倡议（简称“一带一路”倡议）。政策依靠中国现有的有关国家既有的双多边机制，借助既有的、行之有效的区域合作平台，高举和平发展的旗帜，积极发展与沿线国家的经济合作伙伴关系，共同打造利益共同体。

半导体照明产业作为节能典范，是中国节能减排战略目标中的新兴产业。在国家政策和市场的共同推动下，中国的 LED 产业规模不断扩大，创新能力也越来越强，但同样也面临着严重的区域性产能过剩等问题。数据显示，2017 年中国 LED 行业总体规模达 6368 亿元，同比增长 21%，但 LED 行业整体呈粗放式发展，产品技术含量较低，结构性产能过剩显现，制约了行业的发展。从全球市场来看，中国 LED 企业规模普遍较小，产业集中度不够高，缺乏引领行业发展的龙头企业，难以与国外行业巨头抗衡。随着中国人口红利的消失，劳动力成本将会逐渐增减，加上东南亚国家一直虎视眈眈，中国 LED 企业需要转变思路，认识到品牌的重要性，将发展战略从之前的“产品输出”转到“品牌输出”。

2019 年 4 月，中国国家发展改革委和联合国开发计划署、联合国亚洲及太平洋经济社会委员会、联合国工业发展组织共同发起了“一带一路”绿色照明行动倡议，倡议包括创新商业模式、加强能力建设和营造“生态系统”。因此，“一带一路”倡议不仅仅是国家的政策，也是帮助行业开创新的经营模式，寻找新机遇的重大机会。对于半导体照明行业来说：

①“一带一路”倡议可以加强中国与相关国家在照明领域的科技合作，积极推动标准互认以及共同制定国际标准，提升中国在照明领域的影响力和话语权。

②虽然沿线国家的能源储量丰富，但分布极度不均衡。据统计，包括中东地区、俄罗斯在内的沿线地区石油、天然气等能源储量超过全球的一半，另外水能、太阳能、风能等清洁能源也占很大的比例，但还有像印度一样资源匮乏的国家，因此在开展合作时需结合不同的诉求，采取不同的模式。例如，帮助电力资源匮乏的国家开展半导体照明节能示范工程，推广普及节能灯具。

③建设沿线国家“中国 LED 产业园”，引导中国 LED 照明企业扩大对外投资的规模，建立境外生产加工和产品展示的平台，帮助企业与海外的工程项目对接，加强其与沿线国家当地经销商的联系，把中国优质的 LED 产品推向全世界。

④搭建跨境电子商务服务平台，搜集并建立海外市场信息数据库，帮助企业更好地了解沿线国家市场情况，使照明产品更好地“走出去”。

后　记

半导体照明是目前最先进的高效照明技术，它的出现不仅给照明产业带来了革命性的巨变，而且这种变化和影响还在进一步扩大，从照明单品到智能控制，从视觉照明到非视觉照明，从单一功能到集多种功能于一体，数字化、功能化、集成化、互通化将是未来一段时间照明产业发展的方向。半导体照明改变了全球照明的产业格局，欧美照明产业在过去几年相继将低端制造业务剥离，集中资源和精力转向更为高端和先进的照明系统和解决方案的研究，同时坚守国际标准战线，意指用标准来控制产业发展。中国是全球最大的半导体照明生产国、出口国和消费国，在生产制造和应用领域建立了自己的优势，全球 80% 以上的半导体照明产品都产自中国，但中国尚不是照明产业强国，特别在高端技术、前沿科学方面与欧美发达国家还有差距。在很多国家，特别是发展中国家，对中国照明产品质量的负面声音还有很多，不利于中国照明产业的进一步提升和国际化布局。

全球淘汰白炽灯、推广节能灯运动的开展，为国际照明市场的发展提供了前所未有的机遇。欧美发达国家凭借传统照明领域的优势，已经构建了广泛的营销网络，在很多国家和地区建立了根据地。中国照明产业要做大做强，也要不断提升技术竞争力，加快产业布局，建立全球发展战略和目标。

从产业上来说，照明的智能化、系统化、网络化是未来发展的趋势。深化供给侧结构性改革，推动产业转型升级，是中国《半导体照明产业“十三五”发展规划》对照明产业发展提出的规划和要求。只有加强产业创新、服务创新，在技术和研发本身提升核心竞争力，才能真正为中国发展成为照明强国夯实基础。此外，积极参与国际标准化工作，也是中国半导体照明产业发展的一项重要工作。标准是产业发展的制高点，规范产业生产、提升产品质量。参与国际标准化工作不仅是在技术水平上的升华，更能通过标准化工作，将中国半导体照明产业的技术和发展理念推广到其他国家，扩大战略影响。

从全球发展中国家市场来说，由于经济原因，物美价廉是很多发展中国对照明产品的基本需求。中国出口的照明产品价廉是国际市场竞争中很大的一个优势，但过去往往过于注重价廉，而忽视了物美的要求。因此在保持价廉的基础上，提高产品质量是目前改变全球对中国质量负面评价的最直接手段。不同的国家和地区，经济发展水平不一样，生活条件和方式不一样，对照明产品的需求也不尽相同。总体来说，未来用更先进的LED照明产品替代现有使用的传统照明产品是这些国家的必由之路，而且LED照明产品已经在很多国家市场上出现，在一些场所中得以应用。

在当前形势下，发展照明系统、智能照明是发达国家未来半导体照明市场发展的主要趋势，而在发展中国家更多的是半导体照明替代型技术。中国照明产业发展应结合国家整体产业发展规划，借助“一带一路”倡议，推动中国的产品、技术、标准和应用“走出去”，为中国实现照明强国梦而努力。

本书从开始撰写到完成终稿经历了两年多的时间。期间，由于技术的迭代，数据和信息的不断更新，书中的部分内容也相应进行了反复修改和论证。在此，感谢国家电光源检测中心（北京）项目室团队李锦女生、彭程先生、王宠先生为本书的信息收集、内容撰写、文字修订等方面的辛苦付出，感谢中国照明学会副理事长高飞、中国标准化研究院研究员赵跃进、国家半导体产业联盟秘书长阮军、国际半导体照明联盟副秘书长杨鹤、发改委能源研究所主任郁蕊对本书提出的宝贵意见。

本书出版时间紧，工作量大，虽经数番校订，仍不免有挂一漏万之处，尚祈读者与专家指正。

参考文献

1. 江源 . 光源发展史（一）[J]. 灯与照明，2010，34(1)：54–62.

2. IEA. Energy Efficiency 2017 [EB/OL]. https://doi.org/10.1787/9789264284234–en.

3. 罗勇军，牟同升，温晓芳 . 光健康与国际标准化的进展 [J] . 照明工程学报，2013，24（ S1 ）：14–18.

4. CIE Statement on Non–Visual Effects of Light RECOMMENDING PROPER LIGHT AT THE PROPER TIME [J]. Light & Engineering，2015，35（ 4 ）：40–41.

5. 温其东，于然 . 美国照明市场分析 [J]. 中国照明电器，2017（ 8 ）：1–8.

6. 莫虹频 . 美国固态照明发展国家战略及其对我国的启

示［J］. 照明工程学报，2012，23（4）：7–17.

7. 温其东 . 日本照明市场分析［J］. 中国照明电器，2017（4）：1–6.

8. U4E. Accelerating the Global Adoption of Energy–Efficient Lighting［EB/OL］. http://united4efficiency.org/wp–content/uploads/2017/04/ U4E–LightingGuide–201703–Final.pdf.

9. U4E. Lamp Sampling Report in Cambodia，Indonesia，Lao PDR，the Philippines，Thailand and Vietnam［EB/OL］. https://united4efficiency.org/wp–content/uploads/2016/09/ SEA–Lamp–Sampling–Report_Final–report_May2015_final–for–web.pdf.

10. 温其东 . 印度照明市场分析［J］. 中国照明电器，2017（5）：1–7.

11. U4E. Regional Report on the Transition to Efficient Lighting in South Asia［EB/OL］. https://united4efficiency.org/wp–content/uploads/2016/09/Regional–Report–on–the–Transition–to–Efficient–Lighting–in–South–Asia.pdf.

12. U4E. Regional Report on Efficient Lighting in Sub–Saharan African Countries［EB/OL］. https://united4efficiency.org/wp–content/uploads/2016/09/en.lighten_Sub–Saharan–

Report.pdf.

13. U4E. Report on the transition to energy efficient lighting in Latin America and the Caribbean. [EB/OL] . https://united4efficiency.org/wp-content/uploads/2016/09/Regional-Report-LA-C-Final-Eng..pdf.

14. 温其东 . 澳大利亚照明市场浅析 [J]. 中国照明电器，2017（3）：1-4.

15. 曹琼 . "一带一路"战略背景下中国产业"走出去"的机遇与路径探讨 [J]. 商，2015（21）：276，273.

16. 谢文浩，李文玉 . "一带一路"背景下我国 LED 产业"走出去"的前景与对策 [J]. 中国照明电器，2016（9）：6-10.